Bourgett/Preusser/Völkel
Jugendhilfe und kommunale Sozialplanung

Jörg Bourgett/Norbert Preusser/Rainer Völkel

Jugendhilfe und kommunale Sozialplanung

Eine sozialökologische Studie
In Teilen vorgelegt als Jugendbericht
der Stadt Wiesbaden

Beltz Verlag · Weinheim und Basel

CIP-Kurztitelaufnahme der Deutschen Bibliothek

Bourgett, Jörg
Jugendhilfe und kommunale Sozialplanung : e.
sozialökolog. Studie ; in Teilen vorgelegt als
Jugendbericht d. Stadt Wiesbaden / Jörg
Bourgett ; Norbert Preusser ; Rainer Völkel. –
Neuausg. – Weinheim, Basel : Beltz, 1978.
  (Beltz-Bibliothek ; 72)
  ISBN 3-407-50072-6
NE: Preusser, Norbert;; Völkel, Rainer:

Druck nach Typoskript

© 1978 Neuausgabe Beltz Verlag · Weinheim und Basel
Originalausgabe © 1977 Beltz Verlag Weinheim und Basel
Seriengestaltung des Umschlags: G. Stiller, Taunusstein
Printed in Germany

ISBN 3 407 50072 6

Vorwort

Soziale Planung in unserem Land verrät soziale Unordnung.
Sie deutet daraufhin, daß Lebensverhältnisse aus den
Fugen geraten sind. Wenn sie auch darauf abzielt, einem
Mangel abzuhelfen, so findet sie meist unter Bedingungen
statt, die ihr allenfalls erlauben, ihn mit gesetzlich
vorgeschriebenem Mindestaufwand zu verwalten. Derart
bereitet Planung dem Mangel nur selten ein Ende, statt
dessen oft eine sichere Zukunft.

Führt die Zerstückelung städtischen Grundbesitzes zur Verhinderung kommunaler Stadtentwicklungsprojekte, so soll
das Städtebauförderungsgesetz diese Barriere umgehen.

Platzen die Universitäten aus den Nähten, so legitimieren
Hochschulentwicklungspläne und Kapazitätsverordnungen die
numerus-clausus-Entscheidungen der Hochschulverwaltungen.

Fehlen Kindergartenplätze, so werden die öffentlichen
Träger der Jugendhilfe verpflichtet, Jugendhilfepläne
aufzustellen, regelmäßig fortzuschreiben und mit den
Jugendhilfeplänen anderer Träger abzustimmen
(Referentenentwurf eines Jugendhilfegesetzes).

Jugendhilfeplanung, verstanden als besonderer Aspekt von
Sozialplanung, signalisiert einen fortschreitenden Verlust sozialer und historischer Identität; Zerstörung geschichtlich vermittelter Lebenswelt besorgt kommunaler
Sozialplanung ihre rationale Begründung.

Im Fall der Jugendhilfeplanung erhält die kommunale Mangelverwaltung eine besonders aparte Variante, die als zusätzliche Beschränkung durchschlägt: Planung soll in diesem
Bereich nicht nur bestimmen, wer welche Leistungen erbringen muß, sondern auch, wer sie erbringen darf. Die
extensive Auslegung des Subsidiaritätsprinzips gebietet
dem Jugendamt, von eigenen Einrichtungen und Veranstaltungen abzusehen, "soweit geeignete Einrichtungen und
Veranstaltungen der Träger der freien Jugendhilfe vorhanden sind, erweitert oder geschaffen werden" (JWG, § 5).

Jugendhilfeplanung ist jedoch nicht nur politischen, sondern auch forschungsmethodischen Beschränkungen ausgeliefert. Sie säße schwerwiegenden inhaltlichen Verkürzungen auf, wenn sie den notwendigen Bedarf an Jugendhilfe nicht aus allgemeinen gesellschaftlichen Entwicklungen abzuleiten versuchte. "Der aus dem Zusammenhang krisenhafter gesellschaftlicher Erscheinungen zu ermittelnde Bedarf an Jugendhilfe ist folglich auch nur ein Teil des allgemeinen Bedarfs an infrastrukturellen Maßnahmen zur Veränderung der allgemeinen regionalen und kommunalen Infrastruktur und als Jugendhilfeplanung Teil der umfassenden planerischen Maßnahmen zur Lösung sozialer Fragen, die durch den Begriff "Sozialplanung" bestimmt werden." (Beneke/Müller/Siepe/Zander: Planung in der Jugendhilfe, Kronberg/Ts., 1975, S. 64). Dieser umfassende Anspruch erweist sich - wenngleich inhaltlich berechtigt - als konkret kaum einlösbar, da er ein hochentwickeltes Niveau empirischer Sozialforschung voraussetzt: es reicht nicht aus, die Existenz krisenhafter Erscheinungen zu behaupten, ohne sie konkret beim Namen zu nennen und empirisch zu überprüfen, auf welche Bevölkerungsgruppen sie sich verheerend auswirken und in welchen Symptombildungen sie zum Vorschein kommen. Hier - wo Bestimmung nötig wäre - flüchtet sich der Referentenentwurf ins Unbestimmte und zementiert Ratlosigkeit: Beneke u.a. kommen folglich zu dem Schluß, daß die Landesjugendämter, Stadtjugendämter, Kreisjugendämter oder Jugendringe... mit recht allgemeinen Empfehlungen...zur Erarbeitung eines kommunalen Jugendhilfeplanes allein gelassen sind". (S.2o)

Es scheint mir deshalb von allgemeiner und praktischer Bedeutung zu sein, wenn das Jugendamt der Stadt Wiesbaden den gegenwärtigen Stand seiner Vorarbeiten zu einem umfassenden Jugendhilfeplan in diesem Buch dokumentiert und dazu beiträgt, die Diskussion in anderen Kommunen voranzutreiben.

Der Wiesbadener Jugendbericht definiert das Jugendamt als Planungsagentur, welche Maßnahmen und Einrichtungen der

Familienerziehung, der familienergänzenden und -ersetzenden Erziehung, der Vorschulerziehung, der schulischen und außerschulischen Bildung koordinierend erfassen und gewichten soll. Seine Autoren gehen dabei von einem umfassenden, nicht auf technizistische Notlösungen gerichteten Erziehungsbegriff aus und versuchen zudem, stadtsoziologische und stadtökologische Daten zur Bestimmung planungsrelevanter Faktoren nutzbar zu machen; damit wird es möglich, kleinräumige Disparitäten konkret zu erforschen und im Rahmen einer langfristigen Stadtentwicklungsplanung Programme zu ihrer Ausbalancierung zu entwerfen. Sie lösen damit teilweise die Forderung ein, "die sozialkundliche Ideologie der Gemeinde, die eine Kommune als natürliche Einheit im gesellschaftlichen Leben begreift... durch die Analyse kommunaler Typen sozialstruktureller Identität (Getto, Arbeiterwerkswohnungen, Neubauviertel) und durch den Nachweis des konkret historischen Bezugs auf heterogene bzw. homogene Sozialstrukturen zu ersetzen" (Beneke u.a., S. 133).

Um das sozialstrukturelle Profil verschiedener Stadtteile darzustellen, kann weder auf die Ergebnisse der gegenwärtigen stadtökologischen Forschung in der BRD zurückgegriffen werden, da deren Konkretionsniveau die Ebene brauchbarer Empirie noch kaum erreicht hat, noch erweist sich der Referentenentwurf als richtungsweisend. Die Verfasser waren folglich gezwungen, an forschungsgeschichtliche Traditionen anzuknüpfen, die einerseits weit zurückliegen, andererseits eine vergessene oder unterdrückte Richtung der amerikanischen Sozialwissenschaft markieren.

Die Bewegung ethnischer Minderheiten in den USA (Indian Movement, Black Power, Chicano-Bewegung) entzündete ein anhaltendes Interesse an der Erforschung von sozialen und lokalen Disparitäten und den ihnen entsprechenden subkulturellen Lebensformen. Dieser Bewegung ist der Jugendbericht insofern verpflichtet, als er die Selbstorganisation unterprivilegierter Bevölkerungsgruppen eindeutig in den Vordergrund stellt.

Die Erforschung psychischer und materieller Verelendung
und deren räumlicher Konzentration steht quer zu einer
bundesrepublikanischen Ideologie, in deren Kontext
Armutsphänomene allenfalls noch als folkloristische
Momente einer finsteren Vorzeit dargestellt oder in den
durchsichtigen Verwertungszusammenhang sozialer Demagogie
eingespannt werden. Man lese dazu die Studie des rheinland-
pfälzischen Sozialministers über die "Neue soziale Frage"
und ihre schlappe Widerlegung durch das Bundesfamilien-
ministerium, ebenso die zwar gehaltvolle, aber vorsorg-
lich mit einer Leichenrede versehene Psychiatrie-Enquête.

Daß taugliche Methoden zur empirischen Erforschung klein-
räumiger Disparitäten erst im Rückgriff auf die Chikagoer
Schule der 2oer und 3oer Jahre gefunden werden konnten,
beweist den relativ unterentwickelten Stand einschlägiger
Sozialforschung in der BRD. Dennoch konnten auch damit
die von Beneke u.a. formulierten Postulate nicht voll
eingelöst werden: die im Wiesbadener Jugendbericht ver-
wandten sozialen Indikatoren eignen sich zwar, um dis-
paritäre Regionen zu beschreiben, können die Ursachen für
diese Disparitäten jedoch nicht erklären, weil deren
historische Ursachen sich einer punktuellen Quantifizierung
vorerst noch entziehen.

Als Fallstudie und als Diskussionsbeitrag zu einer bedarfs-
orientierten Jugendhilfeplanung, die vom Postulat der
Chancengleichheit aller Bürger nicht nur ausgeht, sondern
versucht, diese Gleichheit im Rahmen der Möglichkeiten herzustellen, halte ich den vorliegenden Jugendbericht für
notwendig und nützlich. Es wäre sinnvoll, wenn er von
Kommunen, Wohlfahrtsverbänden, Hochschulen und Fachhoch-
schulen benutzt würde, um die Diskussion über Jugendhilfeplanung anzuregen und praktisch werden zu lassen.

Berlin, im Januar 1977   C. Wolfgang Müller

Inhaltsverzeichnis

		Seite
1.	Einleitung	1
1.1	Aufgaben des Jugendamtes	1 - 3
1.2	Arbeitsfelder des Jugendamtes	3 - 7
2.	Thesen zum Erziehungsprozeß	8
2.1	Gesellschaftliche Bedingungen gegenwärtiger Erziehung	8 - 12
2.2	Historischer Rückblick	12 - 19
2.3	Auswirkungen auf die einzelnen Sozialisationsinstanzen	19 - 21
2.31	Familie	21 - 23
2.32	Vorschule	23 - 24
2.33	Schule	24 - 25
2.4	Das Jugendamt als Amt für Erziehungshilfe	25 - 28
3.	Soziale Indikatoren in Wiesbaden	29 - 32
3.1	Zum Begriff der Sozialen Indikatoren	33 - 35
3.2	Das Konzept der Sozialen Indikatoren	36 - 38
3.3	Das Jugendamt	39 - 41
3.4	Zur Methode	42 - 44
3.5	Ableitung der Faktoren, die für die sozialräumliche Gliederung bestimmend sind	45
3.51	Der Faktor Administrative Intervention	45 - 49
3.52	Der Faktor Soziale Position	50 - 53
3.53	Der Faktor Segregation	54 - 59

		Seite
3.6	Berechnung des Index und Zusammenstellung der Indikatoren	60 - 64
3.7	Interpretation der Gliederung der statistischen Bezirke nach den sozialen Indikatoren und Darstellung der Indikatorenbereiche	65 - 67
3.71	Analyse des Indikatorenbereichs I	67 - 69
3.72	Analyse des Indikatorenbereichs II	69 - 72
3.73	Analyse des Indikatorenbereichs III	72 - 74
3.74	Einwohnerverteilung in den Indikatorenbereichen	74
3.8	Zusammenfassende Thesen zu den Indikatorenbereichen	75 - 76
	Indikatorenbereiche (graphische Darstellung)	77 - 79
3.9	Kartierung der sozialen Indikatoren	80 - 82
3.1o	Kartierung der Variablen der sozialen Indikatoren	83 - 98
4.	Vorschulerziehung	99
4.1	Aufteilung in Planungsbereiche und Regionen	99 - 100
4.2	Bedarfsermittlung	100 - 105
4.3	Bedarfsdeckung	105 - 106
4.31	Krippe	106
4.32	Kindergarten	106
4.33	Hort	106 - 108
4.4	Investitions-und Folgekosten	108
4.5	Wiesbadens Versorgung mit Kindergartenplätzen 1970 - 1976 (graphische Darstellung)	109
	Ganztagsplätze und Hortplätze in Wiesbaden (graphische Darstellung)	110
4.6	Relationen in städtischen Kindertagesstätten (Tabelle)	111
4.7	Zur Geburtenentwicklung in Wiesbaden	112 - 117

		Seite
4.8	Investitionsnotwendigkeiten	118 - 120
	Bestandsaufnahme der Kindertagesstätten in Wiesbaden (Karten)	121 - 126
5.	Zuordnung der 5-jährigen zur Schule oder zum Kindergarten	127
5.1	Rahmen der politischen Empfehlung	127 - 130
5.2	Veränderungen im Kindergartenbereich	130 - 131
5.3	Konsequenzen der Einschulung für 5jährige	131 - 132
5.4	Darstellung der Untersuchungsergebnisse von Frühschulversuchen	133
5.41	Zusammenfassung der Ergebnisse von Vorschulversuchen in Rheinland-Pfalz	134 - 135
5.42	Vorschulversuche in Hessen	135 - 138
5.43	Thesen aus dem Bericht der Bund-Länder-Kommission (BLK) für Bildungsplanung	138 - 141
5.5	Folgerungen	141 - 143
6.	Amtsvormundschaften/Pflegschaften	144 - 145
	Amtsvormundschaften (graphische Darstellung)	146
	Amtspflegschaften (graphische Darstellung)	147
	Beistandschaften (graphische Darstellung)	148
	Amtsvormundschaften, Pflegschaften Volljährige (graphische Darstellung)	149
	Beratungen (graphische Darstellung)	150

Seite

7.	Jugendförderung	151
7.1	Planungsbereiche und Bestandsaufnahme	151 - 153
	Bestandsaufnahme Jugendförderung (Karten)	154 - 158
7.2	Standorte zukünftiger Einrichtungen	159 - 160
8.	Heim-und Familienpflege	161 - 162
	Dauerheime für Kinder und Jugendliche (Karte)	163
	Heimpflege (graphische Darstellung)	164
	Familienpflege (graphische Darstellung)	165
9.	Erziehungsberatung	166
	Bestandsaufnahme Erziehungsberatungsstellen (Karte)	167

Anmerkung der Verfasser 168

1. Einleitung

1.1 Aufgaben des Jugendamtes

Der vorliegende Jugendbericht ist auf Beschluß der Stadtverordnetenversammlung erstellt worden.
Mit diesem Beschluß wurde das Jugendamt aufgefordert, einen Bericht über die Lage der Jugendlichen in Wiesbaden vorzulegen; darüber hinausgehende inhaltliche Vorgaben wurden nicht formuliert. Durch diesen Bericht soll das Stadtparlament in die Lage versetzt werden, sozialpolitisch begründbare Entscheidungen zu treffen, die sich auf die Lebensinteressen und die soziale Situation der Wiesbadener Bevölkerung beziehen.
Der Auftrag des Stadtparlaments, wie er vom Jugendamt verstanden wurde, konnte weder durch einen bloßen Tätigkeitsnachweis erfüllt werden, noch durch eine Darstellung der im Rahmen des Jugendamtes organisierten Freizeitaktivitäten.

Die Abfassung eines Jugendberichts sieht sich zwei generellen Schwierigkeiten ausgesetzt:
- Es ist mit dem naiven Verständnis zu brechen, daß die Lage der Jugendlichen sich vorwiegend im Freizeitbereich analysieren läßt.
- Es gibt keine exakte soziologische Definition des Begriffs "Jugend".

Ausgangspunkt des Jugendberichts war daher der Versuch, sowohl den sozialgeografischen Rahmen für das Handeln des Jugendamtes zu bestimmen, als auch gleichzeitig eine Definition der Lebensumstände der Wiesbadener Jugendlichen zu leisten.

Im Laufe seiner Entstehungsgeschichte sind dem Jugendamt Aufgabenbereiche zugewachsen, die auf unterschiedliche Bedingungen zurückgehen:

- Als Bestandteil des einstigen Jugend- und Fürsorgeamtes übernahm das heutige Jugendamt die Fürsorge, also im wesentlichen die materielle Versorgung von Kindern und Jugendlichen. Heim- und Familienpflege waren die vorrangigen Aufgaben, die im Rahmen der Einzelfallhilfe angegangen wurden. Da die Familie als die entscheidende Erziehungsinstanz begriffen wurde, war es die wichtigste Aufgabe des Jugendamtes, bei Ausfall der Familie für Ersatzerziehung zu sorgen. Soziale Situation und Lebensperspektive wurden nicht erfaßt und konnten daher ins Handeln des Jugendamtes nicht eingehen.

- Das Jugendamt übernahm außerdem Aufgaben, die vorher vom Amt für Jugend und Leibesübung wahrgenommen worden waren. Hier handelte es sich allerdings nur um vereinzelte Aktivitäten, da dieser Teil der Jugendarbeit in der Regel von freien Verbänden angeboten und durchgeführt wurde. Besondere Aufgaben, die sich aus den Lebensumständen nichtorganisierter Jugendlicher ergaben, wurden nicht gesehen.

Die beiden beschriebenen Entstehungslinien bestimmen noch heute die Aufgaben des Jugendamtes.

Da der Erziehungsauftrag der Familie heute unter gesellschaftlichen Bedingungen erfüllt werden muß, die sein Gelingen immer unwahrscheinlicher werden lassen, muß das Jugendamt gegenwärtig mit seinen Beratungsdiensten das gesamte Spektrum außerschulischer Erziehung erfassen. Dieses Amt ist heute auf über 400 Mitarbeiter angewachsen: im Mittelpunkt seiner Tätigkeit stehen nach wie vor die Familien und deren soziale Situation in Wiesbaden.

Die gesetzlichen Grundlagen für die Arbeit des Jugendamtes sind niedergelegt im Jugendwohlfahrtsgesetz (JWG), Bundessozialhilfegesetz (BSHG), Jugendgerichtsgesetz (JGG) und Bürgerliches Gesetzbuch (BGB). Die Vielfalt der gesetzlichen Bestimmungen wirft ein erstes Licht auf die differenzierte Aufgabenstellung des Jugendamtes; deren Zusammenhang, der nicht unmittelbar sichtbar ist, ergibt sich erst aus der

Situation der Familie, auf die sich die verschiedenen Aufgaben zentrieren.

1.2 Arbeitsfelder des Jugendamtes

Der in den letzten Jahren vorgenommene Ausbau der Jugendämter hatte einen erheblichen Anstieg der Personalkosten zur Folge; dennoch war diese politische Entscheidung richtig, trug sie doch einer gesellschaftlichen Situation Rechnung, in deren Zusammenhang die Problembelastung der einzelnen Familien zunahm. Einschlägige Phänomene sind empirisch nachweisbar und werden auch in nächster Zeit sich eher vermehren als abnehmen. Wollte man dem mit restriktiver Sozialpolitik begegnen, begäbe man sich der Möglichkeit, auf gesellschaftliche Probleme halbwegs angemessen und rechtzeitig zu reagieren.

Die Zunahme innerfamiliärer Problembelastung wird im Teil 2 dargestellt. Hier geht es darum, die scheinbare Zwanghaftigkeit dieser Entwicklung zu durchstoßen und den gegenwärtigen Zustand als veränderbar darzustellen, indem man ihn mit historischen Alternativen konfrontiert. Wenn wir an den Erscheinungsformen von Funktionalität und Professionalisierung ansetzen, so soll damit verdeutlicht werden, daß die Zerteilung einer ganzheitlich strukturierten Lebenswelt humane Qualitäten, die immer Momente des "ganzen Menschen" sind, verschüttet, mitunter unwiederbringlich zerstört.
Die Aussage, der Mensch sei ein soziales Wesen, ist zum Gemeinplatz geworden, dessen empirischer Gehalt sich kaum mehr ausmachen läßt. Anders läßt sich die Lebenssituation von Kindern und Jugendlichen in Schule und Beruf schwerlich erklären als durch den beständigen Verstoß gegen die behauptete Sozialität des menschlichen Subjekts. Dieses wird fortwährend in seine Individualität zurückgedrängt, obwohl man weiß, daß Vereinzelung Vernichtung bedeutet: so betreibt der soziale Wohnungsbau die ständige Zer-

störung von Nachbarschaftssystemen, obwohl sich nicht mehr
verleugnen läßt, daß dies mit psychischer Verelendung erkauft
wird.

Im Teil 3 haben wir versucht, die Reste solcher ganzheitlichen
Lebenszusammenhänge im Wiesbadener Stadtgebiet ausfindig
zu machen. Das Konzept der sozialen Indikatoren stellt ein
taugliches Mittel dar, das soziale Profil einzelner Stadtteile herauszuarbeiten. In Abweichung vom ursprünglichen
Forschungskonzept mußten wir den Faktor Administrative
Intervention einführen, weil allein über ihn der Nachweis
erbracht werden konnte, daß Problembelastung dort zunimmt,
wo umfassende Lebenszusammenhänge entweder zerstört wurden
oder noch nie existiert haben. Soziale Belastung und deren
Erscheinungsformen werden damit zum ersten Mal differenziert
darstellbar und können so in ein System sozialer Versorgung
eingebracht werden.

Wir hoffen, inzwischen verdeutlicht zu haben, daß ein Jugendbericht sich nicht darauf beschränken kann zu beschreiben,
was Jugendliche tun und wie sie leben. Dieses wird erst verständlich, wenn man die gesamte soziale Umgebung in die
Analyse einbezieht, insbesondere die Situation der Familie,
weil an deren jeweiligem Zustand die Tauglichkeit aller Maßnahmen im sozialen Bereich gemessen werden muß. Schon jetzt
kann gesagt werden, daß rationale Sozialpolitik deutlich
auf Stützung der Familie im Rahmen von Gemeinwesenorientie-
rung abzielen wird.
In diesem Zusammenhang ist der Jugendbericht nur Teil einer
umfassenden Analyse der gegenwärtigen Situation: so arbeitet
das Jugendamt an einem Konzept zur Neuorganisation der
Sozialen Dienste, das das gesamte Register der vorhandenen
Hilfen nach sinnvollen Kriterien gruppiert, so daß es in Form ei
dekonzentrierten Organisation der Bevölkerung Wiesbadens in
stärkerer Unmittelbarkeit als bisher zur Verfügung stehen
wird. In diesem Gesamtrahmen gehören ebenso die noch vorzu-
legende inhaltliche Bestimmung der Vorschularbeit, der Ob-
dachlosenhilfe und der sozialpsychologischen Versorgung.

Damit sind die Teile 2 und 3 des Jugendberichts zugleich Grundlage weiterer Planung.

Der Teil 4 gipfelt in einem Prioritätenkatalog, der mögliche Maßnahmen beschreibt, deren detaillierte Verwirklichung allerdings von der Beschlußfassung der Körperschaften abhängt. Es ließe sich eine Prioritätenliste entwickeln, die entsprechend der Belastungsskala in Teil 3 vorgeht. Dies schien uns jedoch nicht Aufgabe des Jugendamtes zu sein, da die Festlegung von Prioritäten in den Kompetenzbereich der politischen Gremien fällt.

Der fünfte Teil des Jugendberichts unternimmt den Versuch, Entscheidungskriterien zur Frage der Früheinschulung zu entwickeln. Dazu scheint es zunächst notwendig zu sein, die Diskussion im Hinblick auf die heutigen Möglichkeiten der Erziehung und Bildung von 5jährigen zu öffnen. Die Beschlüsse der 60er und frühen 70er Jahre, allein die Schule zum Träger und Ort der Eingangsstufe zu machen, ist inzwischen aufgrund vorliegender Gutachten und konsequenter Entwicklung im Kindergartenbereich nicht mehr eindeutig aufrechtzuerhalten und muß überprüft werden. Dazu wurde das dem Jugendamt vorliegende Forschungsmaterial aufgarbeitet und in einer Zusammenfassung dargestellt. Die Problematik der Früheinschulung mußte an dieser Stelle behandelt werden, da in Teil 4 eine Bestandsaufnahme, die auch die Quantifizierung von Versorgungslücken einschließt, vorgenommen wird. Dies wäre unmöglich, würde dem nicht eine theoretisch begründbare, qualitative Entscheidung vorausgehen.

Der Teil 6 gibt einen Überblick über Vormundschaften und Pflegschaften und zeigt die in den letzten Jahren positive Entwicklung. Es muß hier jedoch auf die besondere Rolle der Erwachsenenvormundschaften und Pflegschaften verwiesen werden, da sich auf diesem Gebiet in den nächsten Jahren ein starker Arbeitszuwachs ergeben wird, der im wesentlichen der physischen und psychischen Ausgrenzung alter Menschen geschuldet ist.

Der Teil 7 enthält die erste vollständige Bestandsaufnahme aller öffentlich geförderten Jugendeinrichtungen in Wiesbaden. Zugleich sind in ihm die Investitionsnotwendigkeiten dargestellt, die sich aus der Analyse in Teil 3 ergaben.

In diesem Zusammenhang wurde auf eine gesonderte Darstellung der Freizeitprogramme, der Ferienkarte und der Abenteuerspielplätze verzichtet, da Berichte hierzu den Körperschaften bereits vorgelegen haben. Diese Berichte sind im Anhang beigefügt.
Die im Teil 7 dargelegte Notwendigkeit von Gemeinschaftszentren hat die Erkenntnis aufgenommen, daß Sozialarbeit Familienarbeit ist und geht deshalb davon aus, daß diese Zentren sowohl der Jugendarbeit als auch der Erwachsenenarbeit offenstehen müssen.
Die vorgeschlagenen Standorte sind durch die Indikatoren ermittelt und liegen in den Brennpunkten Wiesbadens.

Der Teil 8 beschreibt den von der Finanzsumme her umfassendsten Teil des Jugendamtes. Hier ist interessant die Umschichtung von der Heimpflege zur Familienpflege. Damit ist ein Entwicklungstrend gekennzeichnet, dem unsere besondere Aufmerksamkeit gelten muß: es sei auf den Vorschlag der sonderpädagogischen Pflegestellen verwiesen, der einen weiteren Schritt zur besseren Qualifizierung der außerfamilialen Erziehung bedeutet. Dieser Vorschlag liegt den Körperschaften zur Beratung vor. Weitere Möglichkeiten in diesem Rahmen sind z. B. die "Außenwohngruppen"; entsprechende Vorlagen werden von der Verwaltung nach ihrer Erarbeitung eingebracht werden.

Die Erziehungsberatung im letzten Teil wird als Ausgangspunkt eines sozialpsychologischen Beratungsdienstes für die Stadt Wiesbaden zu gelten haben; hierzu wird noch eine eigene Ausarbeitung vorgelegt werden.

Der Jugendbericht kann keine abschließenden Antworten geben, sondern soll als inhaltlich qualifizierter Einstieg in ein Problemfeld dienen, das im Rahmen kommunaler Planung bisher nahezu vollständig vernachlässigt wurde. Dies zeigt sich daran, daß die Verfasser dieses Berichts sich auf keinerlei Vorarbeiten stützen konnten.

Der Bericht hätte nicht geschrieben werden können, wäre uns nicht die Unterstützung zahlreicher Kollegen zuteil geworden: Erich Bodenheimer, Monica Guitierrez, Cornelia Hawner, Doris Krämer-Christmann und Isabel Ramirez-Fernandez trugen durch ihre tatkräftige und kreative Mitarbeit entscheidend zur Entstehung des Textes bei.
Außerdem beteiligten sich an den Diskussionen Clemens Altschiller und Jürgen Geisler, deren Anregungen uns oft nützlich waren.

Zu danken haben wir weiterhin dem Magistrat der Landeshauptstadt Wiesbaden für die großzügige Bereitstellung des Datenmaterials.

Es bleibt noch anzumerken, daß der folgende Text nur teilweise identisch ist mit der vom Magistrat beschlossenen Fassung; insbesondere wurden das Kapitel "Thesen zum Erziehungsprozeß" und der gesamte historische Rückblick überarbeitet.

                                                    Die Verfasser

2. Thesen zum Erziehungsprozeß

2.1 Gesellschaftliche Bedingungen gegenwärtiger Erziehung

Die Bezeichnung Jugendamt täuscht vor, hier sei ein bestimmter Teil der kommunalen Verwaltung auf eine fest umrissene und genau beschreibbare Zielgruppe hin orientiert. Dies ist unzutreffend, da das Jugendamt in seiner täglichen Arbeit nicht nur mit einer bestimmten Zielgruppe - den Jugendlichen - konfrontiert wird, sondern mit dem Erziehungsgeschehen insgesamt und den daran beteiligten Personen und Berufsgruppen; folglich würde die Bezeichnung Amt für Erziehungshilfe der tatsächlichen Funktion des Jugendamtes eher entsprechen.

Erziehung läßt sich zwar als besonderes Moment eines einheitlichen Lebenszusammenhangs begrifflich fassen, muß diesen in ihrem Vollzug jedoch ständig im Auge behalten, soll sie sich nicht als bloße Dressur auf die Betroffenen auswirken. So sehr Erziehung immer der Versuch der Zurüstung des Individuums für das Leben in einer bestimmten historisch vermittelten Gesellschaft beabsichtigt, so sehr wandeln sich Methoden und Ziele der Erziehung mit der gesellschaftlichen Entwicklung.

Der gegenwärtige Stand gesellschaftlicher Entwicklung ist gegenzeichnet durch immer weiter vorangetriebene Arbeitsteilung, die als notwendige Bedingung schrankenloser Produktivität die Verdinglichung humaner Qualitäten erfordert. Verdinglichung bedeutet hier die Verselbständigung von Rollen und Funktionen, die so zu Waren und damit käuflich werden. Wie und was produziert wird, ist gleichgültig, wichtig ist allein, daß produziert wird und zu welchem Preis.

Verallgemeinerter Warentausch prägt damit die Beziehungen der Individuen untereinander und erfaßt sämtliche gesellschaftlichen Bereiche. An der Ware ist jede Spur von Geschichte und Tradition ausgelöscht, die geleistete Arbeit,

die ihr Entstehen erst ermöglichte, geht in den Austausch nicht ein. Allgemeiner Warentausch befreit sich so nicht nur von den Beschränkungen historischer Tradition, sondern vernichtet tendenziell jede historische Kontinuität. Historische Zeit reduziert sich auf das Prinzip des universalen Tauschs, des Gleich und Gleich von Rechnungen, die aufgehen, bei denen eigentlich nichts zurückbleibt; alles Historische aber wäre ein Rest. Tausch ist (...), dem Sinn seines Vollzugs nach selber zeitlos, mag er auch in der Zeit stattfinden: so wie ratio in den Operationen der Mathematik ihrer reinen Form nach Zeit aus sich ausscheidet. Aus der industriellen Produktion verschwindet denn auch die konkrete Zeit. Mehr stets verläuft sie in identischen und stoßweisen, potentiell gleichzeitigen Zyklen. Mit dem Gegensatz von feudalem Traditionalismus zu radikaler bürgerlicher Rationalität wird am Ende Erinnerung, Zeit, Gedächtnis von der fortschreitenden bürgerlichen Gesellschaft als irrationale Hypothek liquidiert im Gefolge der fortschreitenden Rationalisierung der industriellen Produktionsverfahren, die mit anderen Rudimenten des Handwerklichen auch Kategorien wie die der Lehrzeit reduzieren, das Muster qualitativer, aufgespeicherter Erfahrung, deren es kaum mehr bedarf." 1)
Das Individuum, das als Subjekt seine Lebensgeschichte immer zum Ausdruck bringt, kann dem allgemeinen Tausch erst genügen, wenn es zum Träger einzelner isolierter Funktionen verstümmelt wird. Nicht der ganze Mensch geht in den gesellschaftlichen Austauschprozeß ein, sondern nur soweit, als er sich begreifen läßt als Arbeitskraft, Konsument oder Verkehrsteilnehmer.

Die erwähnte Funktionalisierung schlägt sich nicht nur im Seelenleben des Individuums nieder, sondern erfaßt auch solche gesellschaftlichen Bereiche, die in keinem unmittelbaren Verhältnis zur Produktion stehen. Dies erscheint als

---

1) Th. W. Adorno: Über Statik und Dynamik als soziologische Kategorien, in: Max Horkheimer/ Theodor W. Adorno: Sociologica II, Frankfurt/M, 1962, S. 234

Tendenz, die Erfahrungen einzelner Altersgruppen gegeneinander abzuspalten. Die Kinder werden in die verkümmerte Erfahrungswelt von Kindergärten und Spielplätzen verbannt, Jugendliche in Jugendzentren, Greise in besondere Wohnheime. Zusätzlich sind die einzelnen Erfahrungswelten, in der die jeweiligen Individuen zu leben gezwungen sind, untereinander beziehungslos geworden. "Erfahrung ist eingeteilt in die von Kindern, von Heranwachsenden, die die Schule besuchen, und von Erwachsenen, die im Produktionsprozeß stehen. Jeder dieser Erfahrungszyklen ist gegen den anderen abgetrennt. In gewissem Sinne negiert die Schulerfahrung jene Erfahrungen, die das Kind in der Familie gemacht hat, und löst sie aus ihrer Verankerung. (...) Die tatsächlich während des gesamten Lebensprozesses sich akkumulierende Erfahrung kann so in ihrer Kontinuität nicht aufgegriffen werden". 1)

Daß die Tendenz zur Funktionalisierung sich mitunter zu karikaturhaften Ausprägungen aufschwingt, beweist die Wohnraumaufteilung des gehobenen Bürgertums in der Biedermeierzeit. Nahezu jedem einzelnen Lebensvollzug wird ein eigener Raum zugewiesen: da gibt es neben dem Schlaf- und Eßzimmer ein Rauchzimmer, Ankleidezimmer, Arbeitszimmer, Lesezimmer. "Jetzt ist es nicht mehr beliebig, wo Betten aufgestellt werden. Sie gehören ausschließlich ins Schlafzimmer (...) In dieser Spezialisierung der Wohnräume, wie sie zunächst innerhalb des Bürgertums und der Aristokratie stattfand, haben wir gewiß eine der größten Veränderungen des täglichen Lebens zu sehen. Sie entspricht dem neuen Bedürfnis nach Isolierung." 2) Wie wenig derart entfaltete Wohnungszergliederung sich auf biedermeierliche Verstiegenheiten beschränkt, sondern auch als Bedingung neuzeitlicher 'Wohnkultur' fortwirkt, zeigt sich daran, daß das Wohnzimmer - einziger Ort, dessen Bezeichnung auf integrierte Lebensvollzüge hindeutet - verkommen ist zum Bereiche musealer Repräsentation und nur dann noch reale Funktionen erfüllt, wenn es von einem Fernsehgerät bewohnt wird.

1) Oskar Negt/Alexander Kluge: Öffentlichkeit und Erfahrung, Frankfurt/Main, 1973, S. 43
2) Philippe Ariès: Geschichte der Kindheit, München, 1975, S. 549

Die beschriebenen gesellschaftlichen Veränderungen schlagen
sich einerseits nieder in steigender Produktivität, die im
Vergleich zu vorindustriellen Gesellschaftsformen ein durchgängig höheres Niveau der Bedürfnisbefriedigung ermöglicht,
andererseits in der Tendenz zu fortschreitender Verdinglichung, zur Ablösung des menschlichen Subjekts von seiner
geschichtlichen Tradition. Dieser Prozeß bedeutet für jene
Bevölkerungsgruppen eine Zerstörung ihrer Lebenswelt, die auf ganzheitlich organisierte Lebenszusammenhänge angewiesen sind, damit ihnen emotionale Orientie-
rungen nicht vollends abhanden kommen. So wirkt sich beispiels-
weise die Aufgliederung der Wohnung nach einzelnen Lebens-
funktionen auf Kinder neurotisierend aus: das Kinderzimmer
wird für sie nicht zum Raum freier Entfaltung - wenn es
auch in dieser Hinsicht als neuzeitliche Errungenschaft
reklamiert wird -, sondern zum Verbannungsort! Ansonsten
wäre es unverständlich, daß die Aufforderung, man möge sich
ins eigene Zimmer verfügen, von Eltern als Strafe verwandt
und von Kindern durchaus auch als solche verstanden wird.

Funktionalisierung besorgt nicht nur die Zertrümmerung
sinnlicher Erfahrung, sondern schließt auch all jene aus
dem gesellschaftlichen Reproduktions- und Austauschprozeß
aus, deren Kenntnisse und Fertigkeiten als unverwertbar
gelten. Dies trifft zu auf psychisch Kranke und Behinderte,
aber auch auf Arbeitslose. Die betroffenen Individuen werden
umfassender Verelendung ausgesetzt, umfassend deshalb, weil
sie sich nicht nur auf materielle Not beschränkt, sondern
mit psychischer und kultureller Verarmung einhergeht.
"Vor allem bei längerer Arbeitslosigkeit führen die ein-
geengten Möglichkeiten, am gesellschaftlichen Leben teil-
zunehmen (...) (häufig ohne die Möglichkeit neue Lebenszusammenhänge aufzubauen) zu Resignation und Apathie.(...)
Keine Lehr- oder Arbeitsstelle zu finden, heißt in unserer
Gesellschaft, Verweigerung der Weiterentwicklung psycho-
sozialer Identitätsbildung in üblicher Form. Die zwangs-
weise Zuordnung zu einer neuen sozialen Identität (arbeitslos)

wird durch vielfältige Erfahrungen in den unterschiedlichen Lebensfeldern (Arbeitsamt, Eltern, Freunde, sexuelle Kontakte, Polizei) verstärkt und begünstigt die Entwicklung von individualistisch-delinquenten Reaktionsweisen. Durch die äußere Ausgrenzung wird zwangsläufig die innere verstärkt (Minderwertigkeit, Wertlosigkeit, Ausgestoßensein), sie sucht nach psychisch entlastenden Funktionen, die der kurzfristigen Befreiung vom sozialen Ausgrenzungsdruck dienen (Alkoholismus, Drogen, Verhaltensstörungen, ländliche Idylle)." 1)

Da die beschriebene Tendenz zur Funktionalisierung in allen Lebensbereichen nachweisbar ist, bleibt auch die Erziehung von ihr nicht ausgeschlossen. Erziehung bezieht sich zwar auf die verschiedenen Lebensbereiche, bildet aber auch eine eigenständige Erfahrungswelt, die als Erziehungsprozeß diesen bestimmten Eigengesetzlichkeiten zu unterwerfen versucht. Um zu verdeutlichen, daß Funktionalisierung den Sozialisationsprozeß neuen Bedingungen und Schwierigkeiten unterwirft, ist es angebracht, geschichtliche Einblicke zu eröffnen, die deutlich machen sollen, daß heutige Erziehung keine besondere Originalität genießt, sondern nur eine von möglichen Formen darstellt.

2.2 Historischer Rückblick

An dieser Stelle soll kein historischer Abriß der Erziehung gegeben werden, da dieser einhergehen müßte mit einer Darstellung der gesellschaftlichen Entwicklung in ihren verschiedenen Epochen, die hier nicht zu leisten ist. Unternähme man dennoch den Versuch, so würde dieser nur die Borniertheit eines historischen Horizonts verdeutlichen, innerhalb dessen gegenwärtige Formen von Erziehung als die

---

1) Jugendarbeitslosigkeit. Fakten, Analysen, Argumente (hrsg. vom Vorstand des Hessischen Jugendrings), Wiesbaden, 1976 S. 52 - 54

einzig möglichen behauptet werden müssen.
Geschichte kann verschiedene Möglichkeiten aufzeigen und zu neuen Denkanstrengungen motivieren. Diese sind allerdings notwendig, wenn wir aus der Sackgasse herauswollen, in die Erziehung geraten ist durch unbedachtes Fortschreiten längst überlebter Strukturen oder das vergebliche Bemühen um historische Exklusivität.

Wenn nun versucht wird, den verlorenen Lebenszusammenhang anhand spätmittelalterlicher Daseinsformen zu illustrieren, so bedeutet dies nicht die romantische Verklärung des historisch Abgelebten, sondern zielt genau in die entgegengesetzte Richtung: es soll damit verdeutlicht werden, daß gegenwärtige Bedingungen, denen Sozialisation unterliegt, nicht unabweisbare, schicksalhafte Notwendigkeit sind, sondern als historisch gewordene sich planvoller Gestaltung fügen. Geschichte wird damit nicht begriffen als Kuriositätenkabinett toter Monumente, sondern als uneingelöstes Versprechen, als Programm. "Es geht darum, menschenwürdige Lebenseinheiten herzustellen, in denen zugleich gelebt wird und gelernt werden kann, wie man lebt (...); unsere Einheiten sind sowohl zu groß (Betriebe, Schulen, Universitäten, Städte, Nationen) als auch zu fragmentisch (es wird in ihnen kein Zusammenhang sichtbar)." 1)

Das verallgemeinerte Tauschverhältnis und die funktionale Differenzierung sämtlicher Lebensbereiche finden ihr historisch konkretes Gegenbild in der Gebrauchswertorientierung und universalen 'Promiskuität' - Durchlässigkeit der einzelnen Erfahrungswelten (Ariès) - des Mittelalters: Kinder lebten nicht in einer abgeriegelten Kinderwelt, sondern verkehrten ständig mit den Erwachsenen, wie überhaupt die Kommunikation der einzelnen Altersgruppen untereinander keinen Beschränkungen unterworfen wurde. "Oberall wo gearbeitet wurde, überall dort auch, wo man sich vergnügte, selbst in

---

1) Hartmut v. Hentig, in: Vorwort zu Philippe Ariès: Gesichte der Kindheit, a.a.O., S. 41

anrüchigen Schenken, mischten die Kinder sich unter die
Erwachsenen. Durch den alltäglichen Kontakt mit den Grossen erwarben sie die nötigen Lebenserfahrungen. Die sozialen
Gruppen entsprachen vertikalen Zusammenschlüssen, die unterschiedliche Altersklassen umfaßten." 1)

Vorindustrielle Gesellschaften waren nicht funktional,
sondern personalistisch organisiert: Primärgruppen - Großfamilie und Nachbarschaft - übernahmen im Verhältnis zur
nachfolgenden Generation umfassende Funktionen. Dies war
nur möglich, weil die kaum entwickelte Arbeitsteilung eine
Trennung von Wohnung und Arbeitsstättenicht erforderte.
"Im Mittelalter stand der Hausvater dem 'ganzen Hause' vor
als Planer und Verwalter der Ökonomie, als Vertreter seines Hausrechtes in der Gemeinde, als Gatte und Vater und
Gestalter der häuslichen Kultur wie auch als Meister und
Wirt, jeweils uneingeschränkt ausgestattet mit allen erzieherischen Funktionen. Mit der Trennung von Arbeitsplatz
und Wohnstätte im Verlaufe der Industrialisierung wandelte
sich wohl der Typus der Familie in ökonomischer und sozialer
Hinsicht von demjenigen der gemeinsam wirtschaftenden und
hausenden großen Haushaltsfamilie zur Kleinfamilie." 2)

Die derzeit vorherrschende Kleinfamilie erfüllt nur noch
vereinzelt produktive Funktionen: sie hat sich zurückgezogen
in die Intimität des Privaten und sucht den nahezu totalen
Funktionsverlust durch gesteigerte Sentimentalität zu kompensieren. "Es bleibt festzuhalten, daß sich die Familie, die
innerhalb des alten oikos, des großen Haushaltes, weitgehend
auch im Besitz eigener Produktionsmittel gewesen war, zu
einer Familie des Konsums wandelte.(...) Als Folge der
häuslichen Zurückgezogenheit der bürgerlichen Frau und ihrer
wachsenden Entmündigung im öffentlichen Leben ergab sich aber

---

1) Philippe Ariès, a.a.O., S. 508
2) Ingeborg Weber-Kellermann, Die deutsche Familie, Frankfurt/M, 1974, S. 10

nun im Ausgleich eine unerwartete sentimentale Auffüllung des innerfamiliären Bereiches, wie sie das Biedermeier entschieden auszeichnet und charakterisiert." 1)

Nicht nur produktive Funktionen wurden aus der Familie ausgelagert, sondern auch die Vermittlung kognitiver Qualifikationen wurde an eine funktional organisierte Institution delegiert: an die Schule. Lernen hatte damit keinen Ort mehr im täglichen Lebensvollzug; es geschah nicht mehr durch Imitation, die noch das Lehrverhältnis durchgehend prägte. Damit wurde das mögliche Ziel des Lernens dem Lernenden zunehmend abstrakt: abgelöst vom täglichen Lebensvollzug wird Lernen zu schierer Repression. Welches Ausmaß diese bereits angenommen hat, zeigt sich an dem Wust wissenschaftlicher Publikationen, die sich mit Fragen der Lernmotivation auseinandersetzen. Die sprunghafte Vermehrung einschlägiger Traktate verhehlt nur schlecht, daß das Fehlen spontaner Lernmotivation inzwischen zur Wesensbedingung schulischer Sozialisation geworden ist.

Auch im späten Mittelalter sind Vorformen der heutigen Schule anzutreffen, doch beweisen diese nur, daß die totale Isolierung des Lernens von anderen Lebensvollzügen sich nur langsam durchsetzte, also keineswegs notwendige Existenzbedingung von Schule sein muß. Die allmähliche Ablösung der Schule vom täglichen Leben zeigt sich besonders daran, daß dem Lernen und Lehren erst sehr spät eigene Räume zugewiesen wurden. In den mittelalterlichen Schulen spielten sich außer Lernen auch noch Aktivitäten ab, die heute als anrüchig und dem Lernen durchaus unverträglich gelten. "Im Mittelalter wurde in den Kollegs tüchtig getrunken, und die Statuten erkannten dem Schoppen den Wert einer Buße für leichtere Vergehen zu und akzeptierten ihn als Symbol der Initiation und der Brüderlichkeit." 2)

---

1) Ingeborg Weber-Kellermann, a.a.O., S. 107
2) Philippe Ariès, a.a.O., S. 447

Die Schulen wurden nicht nur gelegentlich in Kneipen verwandelt: die Nutzungsvielfalt ließ darüber hinaus noch andere Aktivitäten zu. "Damals ging es auf diesem Gebiet drunter und drüber, die Räume wurden einmal für Schüler und dann wieder für Freudenmädchen gemietet, unter einem Dach fanden sich eine reputierliche Schule und die Hurerei zusammen." 1) Man unterstelle uns nun nicht, wir wollten der Trennung von Schule und Leben dadurch abhelfen, daß wir jene demnächst in Häuser der Freude zu verwandeln vorschlagen - der Rückblick auf mittelalterliche Zustände soll nur den Abstand zur heutigen Schule illustrieren, deren Verwaltung sich nur mühsam bereit fand, die Schulhöfe nachmittags für spielende Kinder zu öffnen. So wenig die Schüler in der Schule nur Schüler waren, sondern dort bisweilen deutlich anderen Tätigkeiten als dem Lernen nachgingen, so wenig waren die Lehrer immer nur Lehrer: der unentwickelten Funktionalisierung des Schülers entsprach die kaum entfaltete Professionalisierung des Lehrers, der das Unterrichten oft nur als Nebenbeschäftigung betrieb und ansonsten handfestere Tätigkeiten ausübte, wie die Autobiographie des Schweizer Schulmeisters Thomas Platter aus dem Jahre 1580 zeigt. "Da fing ich an das Seilerwerkzeug rüsten und Schule halten; fing an Seile zu machen; bekam bei dreißig Schüler, meist im Winter, im Sommer kaum sechs; gab mir einer an Fronfasten einen dicken Pfennig; hatte dabei eine gute Sache; denn man schenkt' uns viel. Ich hatte viele Bäslein: eine brachte Eier, die andere einen Käs, die ein Bällchen Butter; desgleichen auch andere, deren Kinder zu mir in die Schule gingen, brachten dergleichen: etliche ein Viertel von einem Schaf. Die im Dorf daheim waren, gaben Milch, Kraut, kamen mit Wein usw., daß selten ein Tag hinging, ohne daß uns etwas geschenkt wurde." 2)

---

1) Philippe Ariès, a.a.O., S. 245
2) Thomas Platter, Selbstbiographie (aus dem Schweizerdeutschen des 16. Jahrhunderts), Gütersloh, 1882, S. 79 f.

Selbst als der Unterricht schon in Räumen abgehalten wurde, die zu anderweitigen Nutzungsarten außer dem Lernen nicht mehr verwendet werden durften, als das Schülerdasein zu einem spezialisierten Lebensvollzug und die Lehrer zu einem besonderen Berufsstand geworden waren, spiegelte sich das integrative Moment täglichen Lebens noch immer in den Unterrichtsformen wider: die Altersstufen waren kaum voneinander getrennt, der Unterricht noch nicht in einzelne Fächer differenziert: Simultaneität war sein durchgängiges Strukturprinzip. "Die sehr enge Beziehung zwischen dem Alter der Schüler und der organischen Formation, zu der sie zusammengefaßt sind, verleiht jedem Lebensjahr eine eigene Persönlichkeit: man hat das Alter seiner Klasse, und jede Klasse verdankt wiederum ihrem Programm, ihrem Klassenraum und ihrem Lehrer ihr spezielles Gesicht. Daraus ergibt sich eine weitgehende Differenzierung zwischen den einzelnen Altersklassen, die doch sehr nahe beieinander liegen. Wie die Klasse, so wechselt man jährlich das Alter: das ist etwas Neues. Früher 'behielt' man sein Alter länger, und die Dauer des Lebens, der Kindheit wurde nicht in solche hauchdünnen Scheiben zerteilt. Die Schulklasse ist mithin zu einem bestimmenden Faktor des Prozesses der Differenzierung zwischen den Altersstufen der Kindheit und der frühen Jugend geworden. Wo es sie nicht gibt, wo sie auf eine vage Einteilung beschränkt bleibt, der kein struktureller Wert zukommt, wie es häufig noch in unseren Grundschulen und infolgedessen auch in den unteren Schichten der Fall ist, wahren die Altersstufen viel von ihrer alten Unbestimmtheit." 1)

Und: "Das Fehlen von abgestuften Lehrprogrammen, die Simultaneität des Unterrichts, die Methoden mündlicher Wiederholung - das alles sind Merkmale dieser Pädagogik, die man im Auge behalten muß, wenn man die erstaunliche demographische Struktur der mittelalterlichen Schule verstehen will." 2)

---

1) Philippe Ariès, a.a.O., S. 270
2) Philippe Ariès, a.a.O., S. 238

Wo Lernen ins 'Lernghetto der Schule' (v. Hentig) eingemauert wird, kann es sich nicht mehr orientieren auf den konkreten, historisch vermittelten Lebenszusammenhang, sondern wird statt dessen getrimmt auf die Mathematik abstrakter Lernzieltaxonomien.[1] Dieser Prozeß findet seine Parallele in der Ausgrenzung der Arbeit aus der täglich und von jedem erfahrbaren Lebenswelt. Ins Ghetto der Fabrik verwiesen, wird für alle, die nicht unmittelbar am Arbeitsprozeß beteiligt sind, dessen sinnliche Konkretheit ausgelöscht. "Das (...) Merkmal, das die heutige Erwachsenheit kennzeichnet, ist ihre Unsichtbarkeit. Für das Kind ist die Erwachsenheit in hohem Maße unsichtbar. Ging es früher durch die Straßen seines Wohnortes, so sah und hörte es links und rechts die Ausübung der Berufe, von denen es selbst einmal einen wählen würde. Seilschläger, Schmied, Kupferschmied, Küfer, Schreiner und Zigarrenmacher: sie übten ihren Beruf im Wohnzimmer aus, in der Werkstatt oder unter freiem Himmel, zugängliche Räume für jedes Kind. Heute sind die meisten Berufe hinter Fabrikmauern eingesperrt, kein Kind bekommt Zugang. Wie kann es wissen, was da geschieht?"[2]

In einer Gesellschaft, die nicht den Bedingungen universalen Warentauschs unterliegt, kann zwar Bedürfnisbefriedigung nur auf einem niedrigen Niveau erfolgen, die Verdinglichung des Individuums zum bloßen Träger arbeitsteiliger Funktionen wird allerdings gleichermaßen unmöglich. Dies hat zur Folge, daß Personen auch dann nicht umfassender Verelendung ausgesetzt werden müssen, wenn ihr physischer oder psychischer Zustand die Entwicklung verwertbarer Qualifikationen ausschließt. Während in Großstädten psychisch Kranke durchweg in Anstalten isoliert werden, haben sich in Dörfern und Kleinstädten oft noch Reste integrativer Lebensformen erhalten, diees erlauben, auch solche Personen in die öffentliche Kommunikation einzubeziehen. "In diesem ausbalancierten System hat jeder

---

1) Taxonomie = Aufbau, Gliederung und Meßbarkeit von Lernzielen
2) Jan Hendrik van den Berg, Metabletica, Göttingen, 1960, S. 45

seine soziale Nische, selbst der Deviante - er ist nicht einfach der Depp, er ist auch wer und hat angesehene Freunde." 1)

Daraus erhellt, daß die Reduzierung des menschlichen Subjekts auf verwertbare Funktionen nicht nur historische Erfahrungswelten, sondern sogar die Lebensmöglichkeiten einzelner Individuen vernichtet.
Die Delegation eines umfassenden Erziehungsauftrages an voneinander unabhängige Institutionen erzeugt zwar den Schein von Rationalität, befreit diese jedoch von ihrem humanen Gehalt: kulturelle Verarmung wird damit zur gegenwärtig unabweisbaren Mitgift dessen, was von Erziehung übrigblieb.

"Die ständige Vermehrung der pädagogischen Maßnahmen hilft den Kindern (und Jugendlichen) nicht nur nicht; sie erzeugt einen Zustand besonderer Anfälligkeit und Ausgeliefertheit; mehr Institutionen und mehr Informationen belehren nur darüber, wie man mit diesen, nicht wie man mit sich und seiner Welt lebt. Die Kinder bauen sich Höhlen inmitten eines Chaos. Eine geordnete oder ordnende Gemeinschaft gibt es für sie nicht. Alles, was jenseits der Kleinstgruppe geschieht, ist abstrakt und wirkt feindlich. Der Übergang von hier zur 'Gesellschaft' draußen ist unvermittelt und macht die Kleinstgruppe unglaubhaft und funktionslos, die Gesellschaft unheimlich und sinnlos." 2)

2.3 Auswirkungen auf die einzelnen Sozialisationsinstanzen

Die Aufsplitterung eines integrierten Lebenszusammenhangs, der Verlust der historischen Erfahrung, die sich im einzelnen Individuum niederschlägt, führt dazu, daß das mensch-

---

1) Nils Thomas Lindquist, Der Nachbar und das Allgemeine, in: Kursbuch 39 (Provinz), West-Berlin, 1975, S. 53
2) Hartmut von Hentig, a.a.O., S. 38

liche Subjekt zu abstrakter Gegenwärtigkeit verkümmert. Der Verlust an historisch bedingter Erfahrung bringt einen fortschreitenden Identitätsverlust mit sich, der sich allerdings kaum mehr in dramatischen Identitätskrisen äußert, sondern eher flache Verlaufsformen annimmt.

"Während die durch den Produktionsprozeß erzeugte 'industrielle Pathologie' vor allem eine Pathologie der Störungen ist, die immer auch ein Moment der Verweigerung der bewußtlosen Auflehnung gegen das 'Realitätsprinzip' enthält, tritt die Pathologie der 'Konsumsphäre' als Pathologie der perfekten, hochintegrierten Leit- und Verhaltensbilder in Erscheinung, aus denen jedes Moment von Verweigerung und Widerstand verschwunden ist. Während wir es also dort mit einer Pathologie der psychischen Dysfunktionen zu tun haben, die von den Betroffenen noch als wirkliches Leiden, Unglück, Schmerz usw. erfahren wird, haben wir es hier mit einer Pathologie der totalen psychischen Funktionalität zu tun, die allenthalben als Glücksgefühl, als psychedelischer 'Konsumrausch' erlebt wird." 1)

Diese Erscheinungsform fortschreitenden Identitätsverlusts, die durch eine ständige Erneuerung und Verzierung der menschlichen Außenhaut zugleich überspielt und entäußert wird, trifft freilich nur auf solche Bevölkerungsgruppen zu, die über die materiellen Möglichkeiten verfügen, sich scheinbarer, also äußerer Identität, in Form von Waren zu versichern. Wie sehr dieser Versuch geprägt ist von dem Bestreben, sich verlorener Geschichte zu bemächtigen, zeigt jene Jeans-Kultur, die den Schein von Geschichte dadurch vortäuscht, daß verwaschenes, gebrauchtes Aussehen von Kleidung einen Gebrauchswert vorgaukelt, der als bloßes Moment des Tauschwerts inzwischen schon in industrieller Massenfertigung hergestellt oder als Bleichmittel in Pillenform mitgeliefert wird.

---

1) Michael Schneider, Neurose und Klassenkampf, Hamburg, 1973, S. 270

Das beschriebene Fehlen von Tradition und historischer Perspektive und die Unkenntnis über den in der Ware dargestellten Gebrauchswert kann bei unteren sozialen Schichten, die über sehr eingeschränkte materielle Ressourcen verfügen, kaum als Konsumrausch zur Geltung kommen, sondern erscheint in seine Extremform als Vernichtungsrausch. Die heute häufig registrierte, spontane Gewaltkriminalität besonders von Jugendlichen ist kaum anders als durch Gleichgültigkeit zu erklären: die unbegreifliche Brutalität, der bisweilen Personen ausgesetzt werden, die mit ihren Angreifern auch nicht durch die Spur einer gemeinsamen Geschichte verbunden sind, die Beliebigkeit, mit der solche Graumsamkeiten oft bis zur gewaltsamen Beendigung der jeweiligen Lebensgeschichte fortgetrieben werden, ist nur begreifbar vor dem Hintergrund fortschreitender Entleerung menschlicher Kommunikation. Derart wird zerstörte Innenwelt nach außen gekehrt: vom historisch vermittelten Subjekt bleibt wenig mehr zurück als die Warengruppe, die konsumiert und konsumiert wird.

2.31 Familie

Die Verarmung menschlicher Beziehungen, die Reduzierung auf ein Warenverhältnis, das eher von ökonomischen als von humanen Wertbestimmungen geprägt ist, läßt nur noch Kümmerformen menschlicher Kommunikation zu und beeinflußt so auch den Erziehungsprozeß: die Familie - scheinbar letztes Reservat emotionaler Zuwendung - wird zersetzt. "Die auffällige Beschwörung von Mütterlichkeit, Wärme und Aufopferungsbereitschaft fürs Kind weist darauf hin, daß es sich bei diesen Erziehungseigenschaften um hergestellte und nicht um naturgegebene handelt, mithin darauf, daß auch Kälte und Haß auf Kinder weibliche Verhaltensweisen sein können. Wird nämlich mit der Verallgemeinerung der Lohnarbeit die bürgerliche Familie aufgehoben, dann verschwindet auch die besondere Funktion Hausfrau-Mutter, zu der die Mädchen von klein auf domestiziert[1] werden müssen und in der sie als

---

1) domestiziert = planmäßig angepaßt

Ehefrauen lebenslang ökonomisch abgesichert waren. Das
Eintreten der Frauen in die Erwerbstätigkeit erfordert
die Ausbildung subjektiver Strukturen, mit denen die Lohnarbeit bewältigt werden kann. Da die Erwerbstätigkeit der
Frauen sich aber über die allgemeine Konkurrenz realisiert,
müssen sie jedes Ansinnen, erhebliche Arbeitszeit für Geburt und Aufzucht von Kindern dem Verkauf zu entziehen,
als Beeinträchtigung ihrer Konkurrenzfähigkeit und Existenzsicherung zurückweisen. (...) Die Auflösung historisch gewordener Strukturen von Weiblichkeit ist mithin eine Konsequenz des In-die-Konkurrenz-Geworfenseins. Damit ist der
Bestimmung der Kindererzieherin als 'mütterliches Wesen'
nach der ökonomischen Basis auch die subjektive Bereitschaft entzogen. Mit zunehmender Zerstörung bürgerlichweiblicher Geschlechtsrollenidentität stellt deshalb die
blind auf eine Gratisproduktivkraft 'Mütterlichkeit' setzende
Auslieferung der Kinder an Frauen keine zureichende Bedingung konsistenter Zuwendung für die nachfolgende Generation
mehr dar." 1)

Am Beispiel der Mutterrolle wird deutlich, wie der entscheidende Garant traditioneller Familienerziehung in
einen gesellschaftlichen Wandlungsprozeß geraten ist, in
dem seine ursprüngliche Funktion umgewertet wurde in
die Notwendigkeit, die materielle Basis der Familie zu
sichern. Daraus erhellt, daß die Familie ihre Funktion
als zentrale Instanz der Sozialisation aus eigener Kraft
kaum mehr wahrnehmen kann, sondern umfangreicher öffentlicher Hilfen bedarf, soll nicht der Erziehungsprozeß in
sein Gegenteil verkehrt werden und schließlich nur noch
zu permanenter Zertrümmerung menschlicher Identität entarten.
Da die Mutterrolle verändert wurde durch die Notwendigkeit,
zum Familieneinkommen beizutragen, besteht kein Anlaß, sich
über Kindesvernachlässigung zu wundern. Diese schlägt sich

---

1) Gunnar Heinsohn/Rolf Knieper, Theorie des Familienrechts,
   Frankfurt/M., 1974, S. 166 f.

nieder in schichtenspezifischen Formen, die bis zu gewollter
Kinderlosigkeit, der extremsten Form der Vernachlässigung,
reichen.

2.32 Vorschule

Die Delegation familiärer Erziehungsaufgaben an öffentliche
Institutionen ist deswegen nicht problemlos, weil sich dort
die Verallgemeinerung des Tauschverhältnisses (Geld wird
gegen Zuwendung ausgetauscht) unvermindert fortsetzt, wenn
nicht verschärft: zwar wird so die Familie vordergründig
entlastet, eine gelingende Kinderaufzucht jedoch keineswegs
garantiert. "Der Erzieher, der dreijährige Kinder erzieht,
die mitten in ihrer geistigen Entwicklung stehen und für
nachfolgende Lernprozesse erst noch zu befähigen sind, hat
also neben den in Heimarbeit (...) erziehenden Eltern die
Schlüsselposition in der Bildung der menschlichen Gattung
inne, er hat aber wie die Eltern keine besondere Veranlassung,
mehr zu wollen, als seine Arbeitskraft so teuer wie möglich
zu verkaufen und so schonend wie möglich einzusetzen. Die
reine Tauschwertorientierung des Erziehers ist also unbrauchbar, da sie notwendig zur Kindesvernachlässigung führt." 1)

Damit es dem Erzieher möglich wird, sich zu Kindern emotional engagiert zu verhalten, müssen zumindest zwei Bedingungen erfüllt sein:

- Der ständige Kontakt des Erziehers zur gewohnten Lebenswirklichkeit des Kindes befreit dieses aus der abstrakten
  Ghetto-Existenz der Vorschule und erlaubt erst die Herstellung einer entwicklungsträchtigen Kinderwelt. Dies
  erfordert die ständige Kommunikation zwischen Eltern
  und Vorschulerziehern, die sich nicht in der Sterilität
  periodischer Elternabende erschöpfen darf.

---

1) Gunnar Heinsohn/Rolf Knieper, a.a.O., S. 219

- Damit Erzieher und Kinder zueinander in kontinuierliche Kommunikation geraten, einander als konkrete Subjekte wahrnehmen können, ist eine Verringerung der Gruppenstärke geboten.

2.33 Schule

Es ist kein Wunder, daß in der Schule die Leere bloßer Tauschbeziehungen sich am härtesten durchsetzt, da diese Institution die Individuen qualifizieren muß für einen Arbeitsprozeß, der zeitlich oft unmittelbar anschließt und in den sie nur noch als Träger spezialisierter Funktionen eingehen.
In der Schule wird Erkenntnis ausgetauscht gegen Noten.

Versetzungen erfolgen nicht danach, wie weit es den Schülern gelungen ist, den Gebrauchswert konkreter Inhalte zu erarbeiten, sondern nach dem Lebensalter, das als bloß biologisches Moment keinen sinnvollen Bezug zu Lernprozessen konstituiert.
Die Abspaltung der Schule vom täglichen Leben nimmt dem Lernen jeden aktuellen Gebrauchswert, die erwiesene Beliebigkeit der Notengebung erzeugt Verhaltensunsicherheit, die sich in Schulneurosen manifestiert. Wenn heute Kinder wegen der undurchschaubaren schulischen Anforderungen neurotische Ängste ausbilden, die bis zum Selbstmord führen können, dann beleuchtet dies den zunehmend repressiven Charakter der Schule.

Die Reduzierung des Lernprozesses auf ein bloßes Tauschverhältnis befreit Lernen von seinem konkreten Gehalt und vernichtet jedes spontane Erkenntnisinteresse: die Schule verkommt zur Vermittlungsinstanz zweifelhafter Kenntnisse, zur Lernfabrik. Mit harten Curricula - Errungenschaften moderner Lernzielforschung - nähert sich der Lernprozeß den industriellen Bedingungen von Akkordarbeit.

Die Kommunikation zwischen Schüler und Lehrer wird ihrer humanen Gehalte zunehmend entkleidet: der Lernprozeß als gemeinsame Arbeit am Gegenstand tritt gegenüber seinen verdinglichten Resultaten zurück. Dies schlägt sich nieder in der Verbreitung des multiple-choice-Verfahrens (unter mehreren Auswahlmöglichkeiten müssen die richtigen angekreuzt werden), das - konsequent zu Ende gedacht - Schüler zu schreibkundigen Halbaffen degradieren muß: die Spuren kontinuierlicher Denkprozesse verkommen zu den Duftmarken des Pawlow'schen Hundes. Wo der aktuelle Gebrauchswert von Lernen sich ins Abstrakte verflüchtigt, wäre immerhin seine potentielle Bedeutung für die Zukunft Anlaß für Schüler, Lernmotivationen - wenn auch entfremdete - auszubilden. Mit zunehmender Jugendarbeitslosigkeit verschwindet freilich für Hauptschüler jede Sicherheit, Gelerntes jemals verwerten zu können; auf der anderen Seite erfordert der numerus clausus den ständigen Kampf um Zehntel-Noten und engt jedes Erkenntnisinteresse auf die aktuellen Anforderungen der Schule ein und zwingt den Schülern den totalen Konkurrenzkampf auf.

Der Widersinn des gegenwärtigen Bildungssystems läßt Schülern nur zwei Reaktionsweisen offen: die Ausbildung neurotischer Ängste, damit die Bereitschaft, auch uneinsichtigen Leistungsanforderungen nachzukommen oder die vollkommene Gleichgültigkeit gegenüber jeder Art von Erkenntnis.

2.4 Das Jugendamt als Amt für Erziehungshilfe

Das Jugendamt als Amt für Erziehungshilfe sieht sich mit einer gesellschaftlichen Situation konfrontiert, deren konkrete Struktur Erziehungsprozesse erschwert und eine wachsende Zahl von Bruchstellen in der Sozialisation erzeugt. Dies erscheint besonders in der Zunahme innerfamiliärer Konflikte, die institutionelle Unterstützung der Familienerziehung erzwingen. Die Tendenz, einst in der Familie verankerte Erziehungsaufgaben an öffentliche Institutionen zu delegieren, wird sich fortsetzen, aber solange auf Erziehungsprozesse negativ durchschlagen, wie die einzelnen Institutionen unverbunden nebeneinander existieren. "Der plurale Charakter der Sozialisation bringt es mit sich, daß die jungen Menschen einer unverbundenen, nicht integrierten, sondern einer sich oft widersprechenden Mannigfaltigkeit der Bildungs-, Erziehungs- und Verhaltenseinflüsse ausgesetzt sind. Die Heranwachsenden stehen damit vor der Aufgabe, diese widerspruchsvolle Vielfalt von Einwirkungen zu verarbeiten und in die Entwicklung ihrer Persönlichkeit zu integrieren. (...) Dieses Gelingen und damit das Finden der eigenen Identität ist ein Prozeß, der von seiner pluralen Struktur her grundsätzlich für Krisen anfällig ist." 1)

Die mangelnde Kooperation aller Sozialisationsagenturen erhöht die Wahrscheinlichkeit von Bruchstellen im Erziehungsprozeß, deren Reparatur dann in die Zuständigkeit des Jugendamtes verwiesen wird. Dies zwingt zu Interventionen häufig repressiven Charakters, die sich besonders auf die Familie richten. Obwohl Bruchstellen in sämtlichen Erziehungsfeldern auftreten, hat das Jugendamt nur gegenüber der Familie die Möglichkeit direkten Zugriffs, während öffentliche Sozialisationsagenturen - besonders die Schule - sich dem durchweg entziehen.

Wenn der Verlust historischer Kontinuität, die Zerstückelung eines Lebens- und Erfahrungszusammenhangs, ursächlich verantwortlich ist für das Mißlingen von Erziehung, so besteht die Aufgabe des Jugendamtes auch darin, die konkreten Spuren dieser Entwicklung auszumachen, zu untersuchen, ob sie sich in bestimmten Teilen der Stadt konzentrieren oder gleich-

---
1) Bundesministerium für Jugend, Familie und Gesundheit, Perspektivplan zum Bundesjugendplan. Diskussionsentwurf, Bonn, 1975, S. 8

mäßig verteilt sind. Dieser Aufgabe glauben wir nachgekommen zu sein, indem wir die Lebenswelt Stadt mittels sozialer Indikatoren erforscht haben.
Deren Anwendung hat ergeben, daß das Ausmaß 'Administrativer Intervention' auch in Wohngebieten, die vorwiegend von unteren sozialen Schichten bewohnt werden, relativ gering bleibt, wenn die private Sphäre der Familie nicht stufenlos überspringt in den arbeitsteilig und funktional organisierten Bereich öffentlicher Institutionen, sondern die Familie sich bewegt im Rahmen nachbarschaftlicher Subsysteme, die sich als halböffentliche Bereiche charakterisieren lassen: offenbar sind nur diese Subsysteme imstande, historische Kontinuität aufzubewahren und die Fragmentierung integrierter Erfahrungsstrukturen abzuwehren.
Daraus resultieren weitere Aufgaben des Jugendamtes:

- Wo in einzelnen Stadtgebieten mit vorwiegend einkommensschwacher Bevölkerung nachbarschaftliche Subsysteme erhalten blieben, sind diese mit allen Mitteln zu stabilisieren und zu unterstützen.

- Wo sie nicht existieren (besonders in Neubaugebieten des sozialen Wohnungsbaus), sind Bedingungen zu schaffen, unter denen sie sich entwickeln können: sie sind einerseits Bestandteil der sozialen Infrastruktur, können aber andererseits nicht zur Entfaltung kommen, ohne daß dazu die personellen und baulichen Voraussetzungen geschaffen werden.

Beides pflegt man als Gemeinwesenarbeit zu bezeichnen, eine Etikettierung, die zwar kaum einer verbindlichen Definition unterliegt, die Zielrichtung auf integrierte Lebenszusammenhänge jedoch deutlich widerspiegelt. Nähme man solche Gemeinwesenarbeit in Angriff, wäre dies ein erster und notwendiger Schritt von der repressiven zur advokatorischen Funktion von Administration.

Fehlen solche nachbarschaftlichen Subsysteme, so wirkt sich
dies auf untere soziale Schichten verheerend aus, da für
diese offenbar ein konkret erfahrbarer, integrierter Lebenszusammenhang eine Grundbedingung ihrer psychischen
Existenz darstellt. Klafft zwischen öffentlichen und privaten Erziehungsagenturen eine Lücke, so treten sie derart
schroff gegeneinander, daß dies häufig die Ausschaltung
unterer sozialer Schichten aus dem gesellschaftlichen
Qualifikationsprozeß bedeutet: sie werden damit einer umfassenden Verarmung und dem Verlust sozialer Identität ausgeliefert. In diesem Zusammenhang gewinnt das Problem der
Jugendarbeitslosigkeit eine aktuelle Brisanz, die schnelle
und durchdachte Interventionen des Jugendamtes erfordert.

Der gegenwärtige Erkenntnisstand erlaubt es zwar, einzelne
Aufgaben des Jugendamtes zu benennen und Schwerpunkte zukünftiger Intervention zu lokalisieren, vor dem Hintergrund
eines umfassenden Erziehungsauftrages kann dies jedoch nur
ein erster Anfang sein. Jeder Schritt darüber hinaus erfordert eine systematische Sozialplanung, die vom Jugendamt
allein kaum geleistet werden kann.

3. Soziale Indikatoren in Wiesbaden

Die Forderung, daß sozialpolitische Entscheidungen auf rationaler Basis gefällt werden müssen, stößt sich im wesentlichen an zwei Schwierigkeiten.

- Wissenschaftliche Methoden, die es erlauben, das soziale Profil und die sozialen Entwicklungstrends einer Stadt empirisch zu erfassen sind zwar in den USA entwickelt worden, werden aber und dann auch nur teilweise in Deutschland erst seit kurzem diskutiert, d. h. wir werden hier konfrontiert mit einem unterentwickelten Forschungsstand. Dies bedingt eine zweite Schwierigkeit:

- Die Datenbasis unterliegt einer inhaltlichen Orientierung, die sich gegenüber diesen Methoden als unangemessen erweist und daher Transformationen notwendig macht.

Um das soziale Profil einer Stadt empirisch zu erfassen, hat sich das Konzept der Sozialen Indikatoren[1] als brauchbar erwiesen. Der Begriff der Sozialen Indikatoren ist für die planende Verwaltung ziemlich neu, er dient zu wissenschaftlich fundierten Ermittlungen sozialräumlicher Einheiten, anhand verfügbaren Datenmaterials.

An dem uns zur Verfügung stehenden Datenmaterial ist Kritik unter zwei Gesichtspunkten anzumelden - die Volkszählung 1975 ist ausgefallen, folglich konnten wir uns nur auf das Volkszählungsmaterial des Jahres 1970 beziehen; nur in Einzelfällen ist es uns gelungen, dieses Material zu aktualisieren.

- Als Basiseinheit mußten wir die alten statistischen Bezirke zugrunde legen. Diese wurden willkürlich festgelegt und sind außerdem als Basiseinheit zu groß. Inzwischen sind vom Stadtplanungsamt neue statistische Bezirke vorgeschlagen worden. Es scheint, daß deren Festlegung erheblich sinnvoller ist als die bisherige. Hier ist die Erweiterung des Bezirks Holzstraße zu erwähnen, wodurch der Soziale Brennpunkt besser erfaßt werden kann. Das Gleiche gilt für Biebrich Nord-Ost.

---

[1] Soziale Indikatoren sind statistisch ermittelte Merkmalsbündel zur Kennzeichnung und Differenzierung sozialer Strukturen.

Zu fordern bleibt, daß für die Volkszählung 1980 zum einen
bei der Datenerhebung die Belange der Sozialplanung berücksichtigt werden, und daß zum anderen bis dahin die Neueinteilung der statistischen Bezirke abgeschlossen ist.
- Dennoch dürften auch die neuen statistischen Bezirke für
die Belange der Sozialplanung eine unzureichende Trennschärfe aufweisen. Es wäre nützlich, wenn hier als Datenbasis zumindest die Blockebene zugrunde gelegt würde,
wenn nicht die einzelne Familie.

Ausgangspunkt ist für uns die These, daß die Anwendung
wissenschaftlicher Methoden sozialräumliche Einheiten zu
identifizieren, Interventionsschwerpunkte der kommunalen
Administration auszumachen und im Vergleich zur Gesamtstadt
differierende Strukturen sozialer Verhältnisse aufzudecken
erlaubt. Die Kenntnis der differenzierten Struktur einer
Stadt ist für das Jugendamt, und nicht nur für dieses,
grundlegende Bedingung rationalen Handelns.

Die räumliche Gliederung sozialer Faktoren, wie sie durch
die Ermittlung von sozialen Indikatoren möglich wird, ist
Ausgangs- und Bezugspunkt für die Erkenntnis von Lebenschancen der jeweiligen Bewohner.

Das öffentliche Bewußtsein der Nachkriegszeit basierte auf
der Grundthese, daß es eine Klasseneinteilung in der Gesellschaft der Bundesrepublik nicht mehr gäbe, daß die Chancen
gerecht verteilt seien, daß wir uns in einer pluralistischen
Gesellschaft befänden, in der die Lebensmöglichkeiten des
Individuums durch dessen persönliche Leistungen bestimmt
seien und weniger durch dessen soziale Situation. Dieses
Bewußtsein erhielt den entscheidenden Realitätsschock, als
vor etwa 7 - 8 Jahren durch Veröffentlichungen und einzelne
Aktionen deutlich wurde, daß es in der Bundesrepublik auch
weiterhin etwas gibt, was man bis dahin aus der öffentlichen
Diskussion auszublenden versucht hatte: Armut.

Die Armut in den Sanierungsgebieten und Obdachlosensiedlungen, das zunehmende Elend ausländischer Arbeiter und ihrer Familien und die in den 70er Jahren sich verschärfenden Lebensbedingungen durch steigende Mieten im sozialen Wohnungsbau, durch den steigenden Anteil der umgelegten Kosten für die soziale Sicherung und durch die inflationäre Preisentwicklung, die vor allem alte Leute, kinderreiche Familien und Haushalte mit unterdurchschnittlichem Einkommen besonders hart trafen und treffen, wurde offensichtlich.

<u>Diese Zusammenstellung einiger Aspekte gesellschaftspolitischer Entwicklungen soll in erster Linie deutlich machen, daß wir von einer zunehmenden Notwendigkeit gesellschaftlich organisierter Hilfen für einen wachsenden Teil der Bevölkerung ausgehen müssen.</u> (In diesem Zusammenhang ist auf die Studie des rheinland-pfälzischen Sozialministers Geißler zu verweisen, in der ebenfalls zunehmende Verarmung konstatiert wird: "Die Konflikte zwischen Mehrheiten und Minderheiten, Starken und Schwachen, Nichterwerbsfähigen und Erwerbsfähigen, Nichtorganisierten und Organisierten, sind die Ursachen für immer mehr ungelöste soziale Probleme, die mit dem alten Instrumentarium der Sozialpolitik nicht erfaßt und gelöst werden können. Hierzu gehören die schwierige Stellung der Frau mit ihrer oft unerträglichen Mehrfachbelastung von Erwerbstätigkeit, Kindererziehen und Haushaltsführung, die Wahrung der Menschenwürde im Alter, die Lage der Gastarbeiter, die soziale Sicherung älterer Selbständiger, die Probleme der Kinder in einer Welt der Erwachsenen, die Frage der Erziehungsfähigkeit unserer Familien und die Schwierigkeiten von Behinderten und Alleinstehenden. Hierzu kommen Probleme wie die Zerstörung der Umwelt, inhumane Stadtplanungen, familienfeindliche Wohnungen und die Probleme psychisch bedingter Krankheiten.") 1)

---

1) Staatsminister Dr. Heiner Geißler, Neue soziale Frage: Zahlen, Daten, Fakten; S. 2 ff., November 1975

Das Gießkannenprinzip der sozialpolitischen Gründerjahre ist unbrauchbar geworden. Es geht dringend darum, die öffentlichen Haushalte für die sozialen Dienste sinnvoll zu organisieren.
Ein Instrument für den gemeinten Einsatz planvoller Maßnahmen besteht in der Orientierung der Sozialverwaltung im Hinblick auf ihre räumlichen und sozialen Handlungsstrategien.

3.1 Zum Begriff der Sozialen Indikatoren

Schlägt man den sozialen Atlas einer Stadt auf, dann entsteht sehr schnell der Eindruck einer vorhandenen sozialräumlichen Gliederung.
In erster Linie gibt es vier Ursachen für die Verteilung von Schichten und sozialen Gruppen im gesamtstädtischen Rahmen.

a) Die <u>Geschichte</u> einer Siedlung oder bestimmter Siedlungsteile ist eine wesentliche Bedingung der sozialen Gliederung. Am deutlichsten wird dies in der Gegenüberstellung von Neubausiedlungen und Altstadtgebieten oder in Siedlungen des sozialen Wohnungsbaus, die von ganz anderen Schichten bewohnt sind als die Villenvororte im Norden Wiesbadens. Das heißt nicht, daß ein Neubaugebiet geschichtslos ist, weil es ein Neubaugebiet ist.
Neubaugebiete des sozialen Wohnungsbaus sind dadurch gekennzeichnet, daß viele Menschen in sehr kurzer Zeit in neue Wohnungen einziehen müssen und dort vereinzelt werden. Diese Vereinzelung wird unausweichlich, weil wohnungsübergreifende Infrastruktur in der Regel fehlt.
Wer nicht zu erneuten Mobilität (Auszug) gezwungen wird, sieht sich einem kollektiven Anpassungsdruck ausgesetzt, durch den er allein äußerliche Bezüge zu seinen Mitbewohnern herstellen und dem er nur durch äußerliche Konformität genügen kann. Umwelt kann nicht mehr gestaltet, sondern muß gekauft werden. Hierdurch entstehen typische Prozesse, ausgelöst von den Konflikten und Orientierungsversuchen der Bewohner.
Wer in einem Neubaugebiet des sozialen Wohnungsbaus berufliche oder gesundheitliche Schwierigkeiten hat oder wem durch die Eingewöhnung familiäre Differenzen und Probleme entstehen, bei dem wächst die Abhängigkeit von Hilfen der öffentlichen Institutionen. Passiert das Gleiche in einer Siedlung, deren Bewohner sich untereinander als Freunde und Bekannte kennen und füreinander erreichbar sind, so tritt häufig das Nachbarschaftssystem an

Stelle der öffentlichen Administration.

Bei der Analyse der Indikatoren ist diese Erkenntnis deutlich bestätigt worden. Geschichte in diesem soziologischen Sinne bedeutet also, daß die Bewohner einer Siedlung oder eines Gebietes sich aneinander gewöhnt haben, daß sie sich auskennen, daß nachbarschaftliche Beziehungen existieren.

b) Das Niveau der <u>Miet- und Bodenpreise</u> ist in Wiesbaden nicht überall gleich, es weist im Gegenteil erhebliche Unterschiede auf, die sich in bestimmten Gebieten konzentrieren. Zur Klärung dieser Problematik würde die Verteilung der Mieten, d. h. welche Wohnungen in welcher Lage zu welchem Mietpreis vorhanden sind (Mietspiegel), als räumliche Darstellung für Wiesbaden eine nützliche Ergänzung unserer Aussagen darstellen.

Immerhin läßt sich als allgemeine Faustregel formulieren, daß mit den Grund- und Bodenpreisen die Wahrscheinlichkeit steigt, daß Grundstücke als Wohnbesitz des Eigentümers oder gewerblich genutzt werden. Beides läuft letztlich aufs Gleiche hinaus. Niedrige Bodenpreise dagegen ermöglichen hohe Rendite durch die Bebauung mit Wohnblocks.

c) Neben den Miet- und Bodenpreisen erweisen sich <u>Zustand und die Qualität von Wohnungen</u> als ausschlaggebend für Zuzug oder Vermeidung von Wohngebieten. Hier werden soziale Entmischungen bewirkt und - wie im weiteren Verlauf noch zu zeigen bleibt - Gettobildungen mit all ihren problematischen Folgen für die Sozialstruktur begünstigt. Dabei soll nicht vergessen werden, daß das Fehlen materieller Ressourcen nicht automatisch zum Zusammenbruch sozialer Organisationen führt - häufig ist eher das Gegenteil der Fall. Armut ist nicht gleich Chaos. Dazu entwickelt es sich nur, wenn Verbesserungen von Lebensbedingungen für die Betroffenen eingeführt werden - siehe Sanierung -, die von ihnen nicht bezahlt werden können und sie so zur Mobilität und Aufgabe ihrer nachbarschaftlichen Bezugs- und Hilfssysteme zwingen.

d) Es ist offensichtlich, daß die Lage eines Wohngebietes und sein Verhältnis zu anderen Wohngebieten wesentlich die sozialräumliche Gliederung einer Stadt beeinflussen. Wiesbaden weist - so betrachtet - eine ebenso eindeutige räumliche Gliederung aus wie z. B. Darmstadt. [1]
Beide Städte haben ein Industriegebiet, das auf einen natürlichen Verkehrsweg hin ausgerichtet ist. Hier befinden sich die Arbeiterwohngebiete, hier werden Sanierungsmaßnahmen früher oder später durchgeführt werden.
Eine vielfach ähnliche Situation ist in der Wiesbadener Altstadt gegeben. Die Tendenz zur Umwandlung der vorhandenen schlechten Bau- und Wohnungssubstanz im Hinblick auf ihre ausgezeichnete Standortqualität als Gewerbegebiet für Handel, Banken und Versicherungen ist hinlänglich bekannt.
Zum Taunus hin liegen in Wiesbaden die Wohngebiete der gehobenen Schichten. Auch hier eine auffällige Parallele zu Darmstadt. Dort ist es der Odenwald mit seiner guten Luft und den Freizeitmöglichkeiten im Grünen, der über den Filter der hohen Miet- und Bodenpreise die soziale Selektion bewirkt.
Fassen wir zusammen:
Wo einer in Wiesbaden - wie auch in anderen Städten - wohnt, hängt mit dem zusammen, was er sich leisten kann. Einkommen, sozialer Status und die Entwicklung bzw. Erhaltung sozialer Beziehungsmöglichkeiten sind die Bedingung für die Entscheidung, wo wer wohnt.
Damit ist der Zusammenhang von räumlicher Verteilung und sozialer Differenzierung dargestellt und abgeleitet.
Im Folgenden soll versucht werden, die sozialräumliche Gliederung von Wiesbaden anhand sozialer Indikatoren zu ermitteln.

---

[1] Quantitative Methoden in der Stadtplanung, TH Darmstadt, 1971/72

3.2 Das Konzept der Sozialen Indikatoren

Die Ermittlung sozialer Indikatoren dient nicht nur dazu, die Sozialstruktur auch räumlich zu erfassen:
ein weiteres wesentliches Moment des Konzeptes besteht darin, die Veränderung, Entwicklung und Neuformulierung von Situationen sozialer Existenz beschreibbar zu machen, die sich aus den beschriebenen Prozessen ergeben.
In das Konzept gehen also nicht nur die Verortung von Sozialstruktur und die teilräumlichen Beziehungen innerhalb einer Stadt ein. Wir müssen die Stadt auch im Zusammenhang mit gesamtgesellschaftlichen, historischen Prozessen und ihren Tendenzen für künftige Entwicklungen sehen.
Diese objektiven Prozesse - die wir noch beschreiben werden - stehen in Beziehung zu den Lebensmöglichkeiten der Bewohner einer Stadt. Sie sind ihnen einerseits vorgegeben, andererseits aber auch etwas Geschaffenes und werden erst durch die subjektive Bewältigung zu gesellschaftlichen Lebensformen: die Bewohner müssen sich in ihrer Arbeit, beim Wohnen, in ihrer Freizeit usw. mit ihnen auseinandersetzen, indem sie sich ihnen unterwerfen und sie verändern; sie werden erst dadurch wirklich werden, daß sie Auswirkungen auf die Existenz des einzelnen haben und ihn in seinem Handeln und Verhalten beeinflussen.
Durch die Auseinandersetzung mit gesellschaftlichen, für den einzelnen unterschiedlichen, Existenzbedingungen werden diese also einerseits bestätigt, andererseits veränderbar.

Lebensvollzüge sind - dieses Mißverständnis soll hierbei nicht erst entstehen - keine Handlungen von Individuen, sondern stets gesellschaftliche Verarbeitung unterschiedlicher Lebensmöglichkeiten. Nur dadurch wird es möglich, gesellschaftliche Prozesse auch gesellschaftlich erfahrbar zu machen, sie zu vermitteln.

Nach dieser Vorüberlegung wird es verständlich, wenn wir die sozialen Indikatoren in Beziehung setzen zu dem Ver-

halten von einzelnen Bewohnern bzw. von sozialen Schichten.
Diese Transformation historisch gesellschaftlicher Lebensbedingungen und deren Bewältigung auf die Ebene des individuellen Verhaltens, ist notwendig für das Selbstverständnis einer Institution wie der des Jugendamtes, die es in ihren täglichen Vollzügen mit scheinbar vereinzelten Menschen zu tun hat. So werden notwendigerweise unvollkommene Lösungsversuche als individuelles Versagen dargestellt.
Gehen wir jedoch davon aus, daß lebensgeschichtliche Probleme nur verständlich werden, wenn wir den einzelnen als Teil einer Gruppe oder Schicht begreifen, die mit ihrem sozialen Schicksal fertigwerden muß, dann kommen wir zu dem Schluß, daß der Einzelfall stets als Erscheinungsform kollektiver Betroffenheit zu begreifen ist.

Die Veränderung von Familienverhältnissen vollzieht sich zwar real in der einzelnen Familie, sie wird aber erst verständlich und historisch interpretierbar, wenn die einzelne unvollständige Familie, wenn die einzelne Kindesmißhandlung oder Verwahrlosung in ihrem gesellschaftlichen Zusammenhang gesehen wird.

Mit Hilfe der Ermittlung sozialer Indikatoren soll versucht werden, die Stadt mit ihrer sozialräumlichen Struktur für die Arbeit des Jugendamtes verfügbar zu machen. Das beinhaltet Chancen der Kontrolle und administrativen Repression ebenso wie die sozialer Hilfe und Unterstützung.
Wenn es gelingt, die Arbeit einer Institution planbar zu machen, sie auf eine rationale Basis zu stellen, dann wird sie auch für die Einflußnahme der Betroffenen geöffnet werden können. (Advokatorische Funktion der Verwaltung.)

<u>Die sozialen Indikatoren</u> sind <u>ein Instrument, um die sozialen Verhältnisse in einer Stadt aufzuklären.</u> Mit ihrer Hilfe sollen

voneinander abgrenzbare Teilgebiete ermittelt werden, durch die Aktivitäten der Institution Jugendamt gezielt auf gewünschte und notwendige Veränderungen und Verbesserungen ausgerichtet werden können.

Das <u>Konzept der Sozialen Indikatoren</u> basiert auf der These, daß Personen, die in einem bestimmten Typus des sozialen Raumes leben, in Bezug auf charakteristische Gewohnheiten und Verhaltensweisen grundsätzlich von den Personen unterschieden sind, die in einem anderen Typus des sozialen Raumes wohnen.

<u>Ziel des Konzeptes</u> ist die Ermittlung sozialräumlicher Planungsbereiche, die eine gezielte Arbeit des Jugendamtes ermöglichen sollen.

3.3 Das Jugendamt

<u>Das Jugendamt ist eine öffentliche Sozialisationsagentur.</u>

Es nimmt Einfluß auf die Erziehungsmöglichkeiten von Kindern und Jugendlichen; es stellt Erzieherinnen und Erzieher bereit, die aus öffentlichen Mitteln bezahlt werden. Möglichkeiten zur beruflichen Qualifikation im Rahmen jugendfürsorgerischer Maßnahmen werden vermittelt, Freizeitangebote bereitgestellt.

<u>Das Jugendamt steht in einer Wechselbeziehung zu den Sozialisationsfeldern Familie, Ausbildung und Beruf.</u>

Wechselbeziehung meint, daß es kein Ersatz z. B. für die familiäre Erziehung darstellt, sondern in bestimmter Weise familiäre Erziehung unterstützen soll oder bei der Unmöglichkeit der Erziehung von Kindern in einer Familie für diese andere Erziehungsmöglichkeiten vermittelt.
Das Jugendamt ist kein Ersatz für schulische Bildung und berufliche Ausbildung. Es muß die schulische Sozialisation ergänzen, solange keine Ganztagsschulen bereitstehen (Hort) und es muß solchen Jugendlichen Qualifikationsmöglichkeiten bieten, die aufgrund ihrer unzureichenden schulischen und familiären Sozialisation allenfalls unregelmäßige Arbeit, aber keine Ausbildung erhalten können.

<u>Das Jugendamt muß die Sozialisationsfelder, zu denen es in Beziehung steht, in ihrem Zustand und ihren Veränderungen definieren.</u>

Es muß deren Entwicklungstendenzen erfassen, wie sie sich z. B. in der Möglichkeit zur Einschulung bereits der 5jährigen andeuten. Von daher wird es notwendig, sowohl kooperative Formen zu anderen Institutionen zu entwickeln - etwa bei der gemeinsamen Planung des Elementarbereiches - als auch auf Folgen einseitiger Veränderungen hinzuweisen.

Das Jugendamt ist als Verwaltungsapparat Objekt politischer
Entscheidungen des Magistrats und der Stadtverordnetenversammlung.

Hierin kommt zum Ausdruck, daß zwar eine Reihe von Handlungen dem Jugendamt gesetzlich vorgeschrieben sind, etwa
durch das Bundessozialhilfegesetz (BSHG) und das Jugendwohlfahrtsgesetz (JWG), aber darüber hinaus ein weiter
Spielraum dessen bleibt, was als Möglichkeiten des Ein-
greifens, der Initiative und der Bereitstellung spezifi-
scher Problemlösungen erscheint.
Das Jugendamt ist im Verhältnis zu anderen Ämtern - vom
Zeitpunkt seiner gesetzlichen Einrichtung - ein junges
Amt. Daran ist ablesbar, daß es zur Bewältigung von Aufgaben eingerichtet wurde, die sich aus den sozialen Folgen
der Industrialisierung und Verstädterung ergeben.

Das Jugendamt muß sich mit spezifischen gesellschaftlichen
Faktoren auseinandersetzen, die als komplexe Erscheinungsformen Indikatoren der sozialen Entwicklung darstellen.

Von hieraus sind im Rahmen der Begrenztheit der verfügbaren Mittel und der politischen Entscheidungen Schwerpunkte der Arbeit zu bestimmen.
Diese Schwerpunkte können sich nur im gesamtstädtischen
Zusammenhang legitimieren lassen.
Daraus folgt, daß der Organisationsform und Handlungsstruk-
tur des Jugendamtes die sozialräumliche Analyse und die de-
finierten Aufgabenbereiche zugrunde liegen.

Im Rahmen des Konzepts der Sozialen Indikatoren wird die Aufgabenstellung des Jugendamtes nicht weiter verfolgt. Dazu
kann auf den entsprechenden Teil des Jugendberichtes und auf
das noch zu erstellende Sozialisationskonzept des Jugendamtes
verwiesen werden.
Im Vordergrund steht nun die Ableitung der Struktur des Stadtgebietes aus der Bestimmung von Faktoren der sozialen Veränderung.

SOZIALE INDIKATOREN

Weg:

Ableitung der Faktoren

↓

Ermittlung der Variablen

↓

Berechnung der Indices

↓

Zusammenstellen der Indikatoren

↓

Darstellung der Indikatorenbereiche

3.4 Zur Methode

Nach den bisherigen allgemeinen Darlegungen über die Bedeutung der sozialen Indikatoren und deren Einordnung in die Institution des Jugendamtes muß nun ein weiterer Konkretisierungsschritt unternommen werden.
Dieser besteht in der Ableitung der Faktoren und der Ermittlung der zu verwendenden Variablen.
Auf den Seiten 43, 49, 53 und 58 wird dieser Weg schematisch und systematisch dargestellt. In den Ausführungen zu den Faktoren erfolgen die notwendigen Erläuterungen (Seite 45 und folgende).
Vorher muß aber noch auf die Frage eingegangen werden, ob dieser Weg nicht zu umständlich sei.

<u>Der Zweck der Ableitung der Faktoren besteht in erster Linie darin, aus inhaltlichen Aussagen zu historischen Entwicklungen und feststellbaren Zuständen der sozialen Wirklichkeit quantifizierbare Größen zur Berechnung der Indikatoren zu erhalten.</u>

Wenn wir wissen, welches die bestimmenden Faktoren der Veränderungen im sozialen Bereich der Stadt und woran sie zu messen sind, dann wird es möglich, die verschiedenen Variablen wie Einkommen, soziale Hilfen, auf einen Nenner zu bringen. Dazu gehört auch die Entscheidung darüber, welche Bereiche der Gesellschaft von grundlegender Bedeutung für die Ableitung der Faktoren sein können.
Für uns sind es deren drei: zum einen der Bereich, wie in unserer Gesellschaft auftretende Probleme institutionell behandelt werden. Dies ist in einer arbeitsteilig und herrschaftsmäßig so differenziert organisierten Gesellschaft nicht anders als institutionell möglich.
Über die Qualität institutioneller Hilfen werden Aussagen im Teil "Polaritäten der Entwicklung" gemacht. Sie sollen ten-

SOZIALE INDIKATOREN
Ableitung der Faktoren

GESELLSCHAFT-LICHE BEREICHE	BEZUGS-FELDER	ALLGEMEINE ENTWICKLUNGEN	POLARITÄTEN DER ENTWICKLUNG		FAKTOREN
Institutio-neller Bereich	Subsysteme wie Familie Verwandt-schaft und Nachbarn	Veränderungen in Um-fang und Intensität institutioneller Pro-blembehandlung	Jedes subjektive Problem wird An-laß zu Verwaltungs-handeln Produktion von Fällen	Entwicklung funk-tionierender Sub-systeme - kollektive Problemlösungen	ADMINISTRA-TIVE INTER-VENTION
Sozio-ökonomischer Bereich	Ausbildung, Beruf und Einkommen	Differenzierungen der sozialen Positionen	Dequalifikation und Arbeitslosigkeit	Flexible Qualifika-tionsentwicklung - Reform des Bildungs- und Ausbildungssystems - Schaffung eines ein-klagbaren Rechts auf Arbeit -	SOZIALE POSITION
Politischer Bereich	Gesell-schaftliche Orientie-rungen	Veränderungen in der Struktur der Bevölkerung	Entwicklung von Sündenbock-strategien - Repressive Kon-trolle sozialer Veränderungen - technokratische Lösungen Arbeits-häuser, Obdach-losensiedlungen, usw.	Entwicklung integra-tiver Gemeinwesen-strategien - Ausbau der sozialen Infra-struktur - auch Alte sind gesellschaftlich und sozial nützlich.	SEGREGATION

denzielle Möglichkeiten angeben, die aber als Grenzwerte
politisch benannt werden müssen.

Nicht nur die Art gesellschaftlich organisierter Hilfen muß
problematisiert werden, sondern auch ihre Notwendigkeit.
Lebensmöglichkeiten sind ungleich verteilt: die Chancen,
sich in neuen Situationen zurecht zu finden und Probleme
vor allem materieller Art zu bewältigen, nehmen mit fallender sozialer Schicht ab.
Es geht also darum, ein Bündel von Faktoren zu knüpfen,
das ursächliche Aussagen über die soziale Situation von
Gruppen und ihre räumliche Verteilung ermöglicht.
Diese gruppenmäßige Betroffenheit wird besonders deutlich
im politischen Bereich. In der Kennzeichnung als Randgruppe,
als Problemfamilien, als Asoziale kommen politische Bewertungen zum Ausdruck, die wesentlich sind für das Verhältnis
von politischer Herrschaft und sozialer Ungleichheit.
Der Kontrolle sozialer Ungleichheit als Repression unerwünschter politischer Entwicklungen, als Frühwarnsystem
- aber andererseits auch als Versuch, Ungleichheit im Einzelfall aufzufangen, was ohne grundlegende politische
Entscheidungen nur unvollkommen gelingt - dient der Einsatz institutioneller Mittel.
Hier schließt sich der Kreis von Betroffenheit, gesellschaftlicher Reaktion und politischer Bewertung.

3.5 Ableitung der Faktoren, die für die sozialräumliche Gliederung bestimmend sind

3.51 Der Faktor Administrative Intervention

Die Einrichtung des Jugendamtes als zusätzliche Sozialisationsagentur neben der Familie, der Schule und dem Beruf spiegelt eine historische Entwicklung wider. Wobei das bisher weitgehend vorherrschende reaktive Moment im Handeln des Jugendamtes nicht unterschätzt werden darf. Administrative Intervention, verwaltungsmäßiges und institutionell organisiertes Eingreifen und Handeln, sind danach zu unterscheiden, ob sie eine neue Dimension gesellschaftlicher Erziehung erschließen - durch die Einrichtung und den Betrieb von städtischen Kindertagesstätten - oder ob sie - vor allem in der Form von Einzelfallhilfe - auftretende Schwierigkeiten im Rahmen der Familie, der Schule usw. zu bewältigen versuchen.

Untersuchen wir die Entwicklung der letzten 200 Jahre, so werden eine Reihe von Veränderungen im Bereich der Familie und der verwandschaftlichen Beziehungen erkennbar, die administrative Interventionen notwendig machen: so die Entwicklung von der Groß- zur Kleinfamilie bzw. von der 3 und mehr Generationenfamilie zur 2 Generationenfamilie. Was zur Folge hat, daß Kinder und alte Leute nicht mehr ausschließlich im Familienverband leben können, daß sie ihn zunehmend verlassen müssen.
Dazu kommt - u. a. durch die Einbeziehung der Frauen in das Erwerbsleben - eine langsame, aber feststellbare Veränderung der familialen Rollenverteilung. Darin liegt eine der Ursachen für Sozialisationsbrüche, die innerhalb der Familie nicht aufgefangen werden können. Da die Berufstätigkeit der Mütter sich besonders auf Kinder aus Arbeiterfamilien negativ auswirkt, besteht die Tendenz, daß soziale Unterschiede lebensgeschichtlich festgeschrieben werden.

Weitere Schwierigkeiten ergeben sich in kinderreichen Arbeiterfamilien. Einerseits wird die Mitarbeit der Mutter durch die Größe des Haushalts unmöglich, andererseits läßt sich das Sinken des verfügbaren Einkommens mit wachsender Kinderzahl immer weniger durch Mehrarbeit und Überstunden auffangen.

Der Einfluß der Kinderzahl auf das Lebensniveau von Familien in der BRD:

Zahl der Kinder	Index des Lebensniveaus
0	100.0
1	69.3
2	55.6
3	47.1
4 und mehr	37.2

aus: Friedhelm Neidhardt, Die Familie in Deutschland, Opladen 1971

Da die Probleme sich in Familien häufen, deren Lebensmöglichkeiten derart angespannt und die immer der Gefahr akuter Verelendung ausgesetzt sind, werden sie besonders häufig zur Zielgruppe für administrative Interventionen. 1)

Wird eine solche Familie noch unvollständig, weil der Vater oder die Mutter sie verläßt, so ist ihre Abhängigkeit und Angewiesenheit auf öffentliche Hilfe unumgänglich.
Siehe auch der überproportional hohe Anteil unvollständiger Familien in Obdachlosensiedlungen.
Arbeitsintensität (= Verschleiß der Arbeitskraft), Höhe des verfügbaren Einkommens und fehlende Systeme sozialer Hilfe und Versorgung erzwingen die Kleinfamilie, die somit

---

1) Verwaltungseingriffe, die auf der Basis der Definition erfolgen, daß subjektive Problembewältigungen nicht möglich sind und damit tendenziell ein nicht kontrollierbarer Teil der Gesellschaft entstehen kann.

als Ort der Sozialisation von Kindern nicht mehr funktionieren kann und daher gesellschaftlicher Hilfestellungen bedarf.
Die Institutionen sozialer Hilfe - ursprünglich als letzte Auffangmöglichkeiten bei Problemen gedacht - rücken aufgrund der historischen Notwendigkeit unmittelbar an den einzelnen heran.
Das führt zu folgender These, die der Erklärung des Prozesses von Verstädterung zugrunde gelegt wird:
Probleme der Erziehung und des häuslichen Zusammenlebens, die im Rahmen familialer und verwandschaftlicher Beziehungen gelöst wurden, werden zunehmend Anlaß für öffentliche Interventionen.
Besonders deutlich wird dies in Gebieten, wo nachbarschaftliche Beziehungen und Hilfssysteme nicht ausgebildet werden können bzw. sich nicht ausgebildet haben.
Je isolierter die Kleinfamilie oder der einzelne Haushalt, je niedriger der soziale Status, desto dringender die Notwendigkeit institutioneller Eingriffe. In der Regel wächst damit aber auch die Abhängigkeit von öffentlichen Hilfen und die Gefahr, daß daraus ein Dauerzustand wird.

Dem Faktor Administrative Intervention kommt also eine zentrale Bedeutung zu, wenn es darum geht, im städtischen Bereich die Gebiete zu orten, in denen öffentliche Hilfestellungen besonders häufig und die daher als soziale Brennpunkte zu kennzeichnen sind.
Welche Möglichkeiten gibt es, den Faktor der Administrativen Intervention zu messen?
Als Administrative Intervention werden alle institutionellen Problembehandlungen bezeichnet, die sich auf Schwierigkeiten im Bereich der Familie und Erziehung beziehen, aber von der Primärgruppe nicht mehr bewältigt werden können.

Zu dem Faktor Administrative Intervention zählen folgende
Variablen 1):
- Jugendhilfe-Fälle, die vom Sozialdienst bearbeitet
  werden;
- Fälle, die durch Bestimmungen des Bundessozialhilfe-
  gesetzes entstehen, z. B. Hilfe zum Lebensunterhalt (HLU);
- Hilfen nach dem Bürgerlichen Gesetzbuch (BGB); Regelungen
  bei Ehescheidungen, Unterhaltsregelungen;
- Sondermaßnahmen wie Schulen für Lernbehinderte;
- Fürsorge-Erziehungsmaßnahmen und freiwillige Erziehungs-
  hilfen;
- Unterbringungen nach dem Anstaltsrecht (Einweisungen
  als Obdachlose);
- Wohngeld-Empfänger;
- Angebote der öffentlichen Erziehungshilfen wie Kinderta-
  gesstätten, Heime usw.

Im günstigsten Fall könnten alle genannten Maßnahmen in Verhältniszahlen ausgedrückt werden, die sich standardisieren
ließen und deren Durchschnitt einen Index für Administrative Intervention zu bilden erlaubte.
Das ist bei einer Reihe von Variablen nicht möglich, da
sie regional verortet sind (-Standortzentren). Dazu gehören die Sonderschulquote, die Obdachlosen-Einweisungen,
die Heim- und Kindertagesstättenplätze.
Bei einem weiteren Teil von Variablen ist die Anzahl der
Fälle für die Bildung von Verhältniszahlen im gesamtstädtischen Vergleich zu gering (-z. B. Maßnahmen nach dem Bürgerlichen Gesetzbuch).
Der Index für den Faktor Administrative Intervention wurde
daher nur aus den ersten beiden Variablen gebildet. Die
Datenbasis beinhaltet etwa 3 500 Fälle (=Haushalte) und ist
durchaus verwendungsfähig für die Einordnung in den Indikator.

---

1) Variablen sind Daten-Reihen bestimmter sozialer Merkmale

SOZIALE INDIKATOREN
Faktor: ADMINISTRATIVE INTERVENTION

MÖGLICHE VARIABLEN	INDEX – VARIABLEN	ANLAGE	INDEX
Hilfe zum Lebensunterhalt: Fälle des Sozialamts	ja	1	1 2 3 4
Jugendhilfe-Fälle des Jugendamtes	ja	2	
Hilfen nach dem BGB	--		
Eingewiesene nach dem Anstaltsrecht	--		
Kindergärten und Heime	--		
Sonderschüler	--		
Fürsorgeerziehung und freiwillige Erziehungshilfe	--		
Wohngeldempfänger	--		

3.52 Der Faktor Soziale Position

Bei der Bestimmung des Faktors Soziale Position gingen wir von der These aus, daß die Notwendigkeit öffentlicher Interventionen im wesentlichen durch die soziale Situation der Betroffenen bestimmt wird.

Auch hier haben wir es mit einem Phänomen der historischen Entwicklung zu tun. Die soziale Position hängt eng damit zusammen, wie und in welchem Umfang jemand in der Lage ist, seinen Lebensunterhalt zu sichern, welche Möglichkeiten er hat, auf Sicherungen seiner sozialen Existenz außerhalb seiner unmittelbaren Lohn- bzw. Gehaltszahlungen zurückgreifen zu können.

Dabei spielt eine Rolle, ob und in welchem Umfang es dem einzelnen möglich ist, sich historischen Veränderungen anzupassen und inwieweit er als Angehöriger einer bestimmten Schicht und Klasse dazu die Chance besitzt. Die für unsere Gesellschaft entscheidenden Veränderungen lassen sich in folgenden Stichworten beschreiben als:

- Entwicklung von der überwiegend agrarischen zur industriellen Produktion;
- Entwicklung der Verstädterung;
- Entwicklung von Handarbeit und Manufaktur zu mechanisierten und automatisierten Arbeitsabläufen;
- Entwicklung von Nationalstaaten und -wirtschaften zu multinationalen Verflechtungen;
- Entwicklung zum Lohnarbeitssystem für fast alle Berufstätigen. 1)

Dazu kommt die Konkurrenz der Arbeitenden um ihren Arbeitsplatz. Je niedriger in der Qualifikation eine Arbeit, je weniger auf Symbole orientiert, desto leichter kann ein Arbeitender ersetzt werden.

---

1) siehe u. a.: Brehpol, Wilhelm, Industrievolk im Wandel von der agraren zur industriellen Daseinsform, Tübingen 1957

Je spezialisierter eine Arbeitskraft, desto wahrscheinlicher der Verlust des Arbeitsplatzes - zumindest eine Herabstufung im Lohn -, wenn strukturelle Veränderungen eintreten. 1)
Die vielfachen Möglichkeiten der sozialen Sicherung erscheinen - auf diesem Hintergrund betrachtet - zwar als notwendige, letztlich jedoch als unzureichende gesellschaftliche Hilfen.
Solange Neu-Qualifikation und Weiterqualifizierung nicht Teil der einzelnen Arbeiterexistenz sind, sondern dadurch vorgenommen werden können, daß der eine Arbeiter den anderen ersetzt, solange ist der Verlust des Arbeitsplatzes, zumindest aber die Reduzierung des Lohnes, eine andauernde existentielle Bedrohung, die zwar in Krisenzeiten besonders deutlich wird - durch die gehäufte Erfahrung von Arbeitslosigkeit -, die aber auch in den Zeiten der Hochkonjunktur nie als überwunden angesehen werden kann.

Für die genauere Bestimmung des Faktors Soziale Position war es wichtig, daß wir solche Variablen angeben können, bei denen von der Einkommens- und Arbeitssituation die Tendenz zur Inspruchnahme öffentlicher Hilfen zu erwarten ist.
Das bezieht sich sowohl auf finanzielle Sicherungen als auch auf Erziehungsmaßnahmen.

Bei der Analyse von Fällen, wie wir sie im Variablenkatalog Administrativer Interventionen dargestellt haben, fällt auf, daß Armut dann in Verelendung umschlägt, wenn die Betroffenen allein auf öffentliche Hilfen angewiesen sind, und es nicht gelingt, eine Qualifizierung zu ermöglichen: sei es aus Überlastung, gesundheitlichen Gründen oder weil die Hilfen sich nicht darauf erstrecken.

---

1) Arbeitspotential und Erwerbstätigkeit, in: Ballerstedt/ Glatzer, Soziologischer Allmanach, Frankfurt (Main) 1975

Die Anfangsthese muß daher erweitert werden:
<u>die soziale Situation des einzelnen wird verschärft durch defekte oder fehlende Subsysteme der sozialen Versorgung und Betreuung.</u> Diese Lage wird besonders bedrohlich, wenn <u>Möglichkeiten des Zurückgreifens auf private Ressourcen (-z. B. Ersparnisse, Besitz) nicht oder nur eingeschränkt möglich sind.</u> Materielle Hilfe im Einzelfall, ohne daß die familialen und nachbarschaftlichen Beziehungen und Zusammenhänge neu geknüpft werden, können den einzelnen unmittelbar und dauerhaft vom institutionellen Handeln abhängig machen.

Für die Bildung eines Index des Faktors Soziale Position kommen folgende Variablen in Betracht:

- <u>der Beruf</u>, dargestellt als die Verteilung des Anteils an Arbeitern an der erwerbstätigen Bevölkerung;
- <u>das Einkommen</u> und zwar als Anteil der Arbeitenden mit einem unterdurchschnittlichen Einkommen, in deren Haushalt mindestens zwei Kinder leben;
- <u>die Schulbildung</u> bezogen auf alle Schulabgänger mit dem höchsten Abschluß Hauptschule;
- <u>die Haushaltsgröße</u>;
- <u>die Wohndichte</u> bezogen auf Personen pro Raum und Quadratmeter.

Bis auf die Variable Haushaltsgröße, die bereits bei der Variablen Einkommen für unsere Zwecke ausreichend erfaßt werden kann, werden alle anderen zur Bildung des Index herangezogen.

SOZIALE INDIKATOREN
Faktor: SOZIALE POSITION

MÖGLICHE VARIABLEN	INDEX - VARIABLEN	ANLAGE	INDEX
Beruf: Arbeiteranteil	ja	3	A B C D
Ausbildung: Schulabschluß Hauptschule (höchster Schulabsch.)	ja	4	
Ausbildung: Anteil der Gymnasiasten	--	5	
Ausbildung: Verteilung der Sonderschulquote	--	6	
Einkommen: Haushalte mit 2 Kindern und Einkommen unter 1200 DM	ja	7	
Haushaltsgröße: Haushalte mit mindestens 3 Kindern	--	8	
Wohndichte: Personen pro Raum und Quadratmeter	ja	9	

3.53 Der Faktor Segregation

Segregation heißt allgemein Absonderung, Trennung.

Bei der Bildung eines Indikators zur Kennzeichnung sozialräumlicher Gliederung muß man davon ausgehen, daß es Gebiete gibt, die sich von anderen durch eine einseitige soziale Zusammensetzung unterscheiden.
Diese Absonderung kann sich einstellen durch den Bau einer Neubausiedlung um einen alten bäuerlichen Dorfkern herum, sie kann das Ergebnis einer auf Grund politischer Verhältnisse erzwungenen Gettobildung sein, wie die Stadtviertel verschiedener nationaler und ethnischer Minderheiten in nordamerikanischen Großstädten.
Im ersten Fall hat die Segregation einen deutlichen Schutzcharakter. Traditionelle Beziehungssysteme werden aufrechterhalten, indem man Neuankömmlinge aussperrt.
Meistens tritt durch die Beruhigung in dem Neubaugebiet langfristig eine Auflösung der starren Abgrenzungen ein: die Begegnungen werden grenzüberschreitend, der alte Ortsteil kann sogar zum Stabilisator für die Neubausiedlung werden, wenn die soziale Position der neuen und alten Bewohner nicht zu unterschiedlich ist.

Gettos sind Zeichen einer nicht gelungenen Integration. Ihre jahrzehntelange Existenz zeigt, daß sie sich nur durch Autonomie stabilisieren können.
Gettos sind gekennzeichnet durch schlechte oder schnell verfallende Bausubstanz, durch einseitige soziale Zusammensetzung und durch fehlende Infrastruktur. (Siehe dazu die entsprechenden Ausführungen im Obdachlosenkonzept der Stadt Wiesbaden.)
An diesem Punkt wird auch deutlich, wie dieser Faktor die beiden anderen ergänzt bzw. durch sie erst bewertet werden kann.

Segregationen lassen sich im gesamtstädtischen Bereich überall ausmachen. Ein Villenvorort des gehobenen Bürgertums zählt dazu genauso wie ein Gastarbeiterslum.

Für die Bildung sozialer Indikatoren ist es ein entscheidendes Kriterium, ob die Segregierten ihr Getto von sich aus verlassen können und welche Konsequenzen Veränderungen für sie haben.

Merkmale, die in den Faktor Segregation eingehen:
- die betreffenden Bewohner stehen in einem für sie selbst unveränderbaren Verhältnis zum Produktionsprozeß;
- der Anteil von Personen mit gleichen oder sehr ähnlichen sozialen Merkmalen ist in einem Gebiet (- bei uns immer der statistische Bezirk -) deutlich größer als in anderen;
- die Segregierten sind mehr als andere Gruppenangehörige auf die Versorgung durch verwandschaftliche oder nachbarschaftliche Organisation angewiesen und müssen daher besonders empfindlich auf Zerstörungen bzw. unüberschaubare Veränderungen in ihren Lebenszusammenhängen reagieren.

Für das Zustandekommen von Segregationen lassen sich außer den erwähnten politischen Gründen auch solche der historischen und wirtschaftlichen Entwicklung anführen.
Dazu gehört die Intensivierung der Arbeit, die sich in einem steigenden Anteil an Frührentnern und für den Produktionsprozeß funktionslosen alten Leuten niederschlägt.
Hier geht die ökonomische Aussonderung meist mit der siedlungsbezogenen Hand in Hand bzw. dieser voraus.
Ebenso wirkt sich das Fehlen von Regenerations- und Kompensationsmöglichkeiten aus, die zu Klumpungen gleichen Elends führen.
Die zunehmende Arbeitsteilung verbunden mit einer abnehmenden Identifikation mit den Arbeitsinhalten spielt ebenfalls eine Rolle. Darunter zählen wir die "Spezialisierung" der Gastarbeiter auf körperlich anstrengende und schmutzige Arbeiten ebenso wie die Neurotisierung der Mittelschichten,

deren ausschließlich symbolbezogene Arbeitsvollzüge
- Stichworte: Bürokratisierung und Hierarchisierung -
den Zusammenhang mit realen Arbeiten nicht mehr herstellen lassen.

Zur politischen Funktion der Segregation gehört die Stigmatisierung und Ausgrenzung bzw. die entsprechende Einordnung von Segregierten.
Hier sei - am Beispiel der Obdachlosen - deutlich gemacht, daß individuelle Schuldzuschreibungen stets als Mittel eingesetzt werden, um von gesellschaftlich produzierten Ungleichheiten und Ungleichzeitigkeiten abzulenken.
Die gesellschaftliche Orientierung: drinnen und draußen (-Randgruppen) erfüllt nachgewiesenermaßen stets den Zweck von ablenkenden Rechtfertigungen; sie verhindert daher die - möglichen - parallel laufenden Versuche gesellschaftlicher Bewältigung und Integration.

Für den Faktor Segregation lassen sich eine Fülle von Variablen nennen, die jedoch zum großen Teil eines gemeinsam haben: sie sind nicht gemessen, es liegen keine verwendungsfähigen Zahlen vor.
Mögliche Variablen sind:

- Obdachlose
- Ausländer
- Einwohner über 65 Jahre
- Frührentner
- Psychisch Kranke
- Personen mit meldepflichtigen Krankheiten
- unvollständige Familien
- Arbeitslose

Mit der Segregation soll die Massierung von Personen mit besonderen Merkmalen in bestimmten Stadtgebieten erforscht werden. Da die sozialen Indikatoren - bestehend aus den Indizes der drei Faktoren Administrative Intervention, Soziale Position und Segregation - mit dem Ziel gebildet werden, städtische Gebiete mit gleicher oder ähnlicher sozialer Entwicklung zu bestimmen, sind in den Katalog der Segregationsvariablen auch solche mitaufgenommen worden, deren Qualität nur mittelbar erfaßt werden kann.

Zur Feststellung der Belastung eines Stadtgebietes sind Angaben zur medizinischen und psychiatrischen Situation der dort Lebenden unumgänglich.
Leider sind gerade diese Angaben nicht gebietsspezifisch erfaßt, sondern nur für die Gesamtstadt.
Das Gleiche gilt für die Arbeitslosenzahlen, die unvollständigen Familien und die Frührentner.
Gebiete mit Obdachlosensiedlungen haben wir nicht in den Index einbezogen, da deren Zahl zu gering ist. Hier bringt der Faktor der Administrativen Intervention deutlichere Erkenntnisse, da er sich auf alle Fälle in einem Gebiet bezieht.
Der Index für den Faktor Segregation wird aus den Variablen Ausländer und Einwohner über 65 Jahre gebildet.

Als drittes wurde die Variable der Bau- und Wohnqualität in einem statistischen Bezirk dazugenommen.
Der Index der Segregation sagt also aus, ob in einem Bezirk überproportional Ausländer oder/und Einwohner über 65 Jahre wohnen, und ob die Häuser alt und die Wohnungen schlecht ausgestattet sind.

SOZIALE INDIKATOREN
Faktor: SEGREGATION

MÖGLICHE VARIABLEN	INDEX - VARIABLEN	ANLAGE	INDEX
Ausländer-Anteil	ja	10	
Einwohner über 65 Jahre	ja	11	'S' oder nicht 'S'
Bau- und Wohnqualität	ja	12	
Arbeitslose	--		
Obdachlose in Siedlungen	--		
Psychisch Kranke	--		
Meldepflichtige Krankheiten	--		
Unvollständige Familien	--		

SOZIALE INDIKATOREN

Weg:

Ableitung der Faktoren

⬇

Ermittlung der Variablen

⬇

Berechnung der Indices ⬅

⬇

Zusammenstellen der Indikatoren ⬅

⬇

Darstellung der Indikatorenbereiche

3.6 Berechnung des Index und Zusammenstellung der Indikatoren

Die Kennzeichnung der drei Faktoren erfolgt über Variablen, d. h. statistische Daten bestimmter sozialer Merkmale.
Jedem Faktor haben wir zwei und mehr Variablen zugeordnet. Diese unterschiedliche Zuordnungszahl war notwendig, weil einerseits nicht für alle Variablen Daten zur Verfügung standen und andererseits ein Faktor zulänglich durch bestimmte, besonders prägnante Variablen repräsentiert sein kann, so daß die Datenfülle keinen Zuwachs an Informationen gebracht hätte.
Für die verwendeten Variablen wurden in einem weiteren Schritt Verhältniszahlen ermittelt. Somit konnten wir für jeden statistischen Bezirk den jeweiligen Anteil an einer bestimmten Variable - wie Wohndichte, Fälle des Sozialdienstes usw. - berechnen.
Die Berechnung der Indizes - für jeden Faktor war ein Index zu erstellen - erfolgte durch die Standardisierung der Verhältniszahlen mit Hilfe einer mathematisch-statistischen Formel.
Dadurch wurden die Verhältniszahlen untereinander vergleichbar, jede Variable erhielt einen Wert auf einer Skala von 1 bis 100.
Die verwendete Formel ist von den Sozialwissenschaftlern Shevky und Bell bereits bei ähnlichen Berechnungen angewendet worden. [1]

Nachdem die standardisierten Werte der Variablen vorlagen, wurde von ihnen für jeden Faktor und für jeden statistischen Bezirk ein arithmetischer Mittelwert gebildet.
Diese Mittelwerte wurden für den Faktor Administrative Intervention und Soziale Position je nach Höhe in vier Gruppen eingeteilt. Die Gruppen bestanden aus je 25 Punkten (1 bis 25, 26 bis 50, 51 bis 75, 76 bis 100).

---

[1] Shevky, Eshref/Bell, Wendell: Sozialraumanalyse, in: Materialien zur Siedlungssoziologie, herausgegeben von: Atteslander, Peter und Hamm, Peter; Köln 1974

Beim Faktor Segregation kam nur eine Zweiteilung in Frage.
Die für unsere Zwecke wichtige Unterscheidung zwischen segregierten und nichtsegregierten Bezirken konnte nur den Sinn haben, Bezirke mit deutlichem Schwerpunkt der verwendeten Variablen zu erfassen.
Die Grenze wurde bei 50 gezogen.
Die Mittelwerte der Variablen jedes Faktors ergaben den Index pro Bezirk.
Der Index der Administrativen Intervention erscheint durch die Gruppierung viermal: als Index 1, 2, 3 und 4. Der Index 1 zeigt die höchste Belastung eines Gebietes im Rahmen der Administrativen Intervention an. Index 2 bildet einen überdurchschnittlichen Schwerpunkt. Index 3 einen unterdurchschnittlichen und Index 4 gibt an, daß in diesem Gebiet nur minimale Interventionen festzustellen sind.
Analog dazu verläuft die Indexbildung beim Faktor Soziale Position. Er besteht aus den Indizes A, B, C und D.
A bedeutet, daß der betreffende statistische Bezirk ein Arbeiterwohngebiet ist, daß dort relativ viele Bezieher unterdurchschnittlicher Einkommen wohnen und zwar in Haushalten mit Kindern. Ebenso überdurchschnittlich hoch ist die Wohndichte im Verhältnis zu anderen Bezirken und der Anteil derjenigen, die über einen Hauptschulabschluß nicht hinausgekommen sind.

Index B gibt an, daß Arbeiteranteil, Anzahl der unterdurchschnittlichen Einkommensbezieher mit Kindern, Wohndichte und Hauptschüler mit Abschluß zwar nicht extrem, aber immer noch über dem städtischen Durchschnitt liegen.

Bei Index C entsprechen die ermittelten Werte etwa dem Durchschnitt, während D bedeutet, daß die Soziale Position der dort Wohnenden in der Schichtenskala als deutlich gehoben beschrieben werden muß: die Einkommen sind überdurchschnittlich, Arbeiter stellen nur einen verschwindend geringen Teil der Bevölkerung, der Schulabschluß zeigt einen deutlichen Schwerpunkt bei den Abiturienten, und die Wohndichte ist überdurchschnittlich gering.

Der Index für den Faktor Segregation ist zweigeteilt. In der Kennzeichnung erscheint er als S bzw. als nicht S.
Mit der Segregation bezeichnen wir Gebiete, die durch eine einseitige Zusammensetzung eine besondere soziale Versorgung notwendig haben.
Segregierte Gebiete sind nach unserer Definition nicht die Villengebiete im Norden der Stadt. Dort ist zwar auch der Altenanteil relativ hoch, doch fehlen die sonstigen Kennzeichnungen wie überdurchschnittlicher Anteil an Gastarbeitern und schlechte Bau- und Wohnungsstruktur.

Noch eine Bemerkung zu den verwendeten statistischen Daten: wir haben Daten der Volkszählung aus dem Jahre 1970 verwendet und - wo möglich - die Fortschreibung dieser Daten für das Jahr 1974.
Außerdem wurden die Daten einer 10 % Stichprobe des Volkszählungsmaterials mit einbezogen.

Um den Faktor Administrative Intervention zu ermitteln, wurde für die Erstellung der Sozialen Indikatoren eine Aufbereitung der Fälle des Jugendamtes (ca. 1 100) vorgenommen. Diese wurde ergänzt durch eine Aufbereitung von Fällen des Sozialamtes (ca. 2 400), die ebenfalls erst für diese Zwecke der Indikatorenerstellung zusammengestellt werden mußten. Diese Daten stammen aus dem Jahr 1975.

Die Zusammenstellung des Indikators für den jeweiligen statistischen Bezirk ergibt eine dreistellige Kennzeichnung.
Bei den nichtsegregierten Bezirken fehlt die dritte Stelle.
Siehe dazu Schaubild nächste Seite.

SOZIALE INDIKATOREN
Zusammenstellung:

1.Stelle: Indices des Faktors **ADMINISTRATIVE INTERVENTION**
Staffelung: von 1 bis 4
Max.: 1

2.Stelle: Indices des Faktors **SOZIALE POSITION**
Staffelung: von A bis D
Max.: A

3.Stelle: Indices des Faktors **SEGREGATION**
Staffelung: ‚S' oder nicht ‚S'

Beispiel: für den statistischen Bezirk 11 ist der
Indikator 1BS
oder für den Bezirk 52 ist er 4C

SOZIALE INDIKATOREN

Weg:

- Ableitung der Faktoren
- Ermittlung der Variablen
- Berechnung der Indices
- Zusammenstellen der Indikatoren
- Darstellung der Indikatorenbereiche

3.7 Interpretation der Gliederung der statistischen Bezirke nach den sozialen Indikatoren und Darstellung der Indikatorenbereiche

Voraussetzung für die sozialräumliche Gliederung einer Stadt ist die deutliche Unterscheidbarkeit einzelner Teilräume, auf Grund derer sich Grob- und Feinstrukturen analysieren lassen. Hierbei spielt die Auswahl des geeigneten Darstellungsverfahrens eine entscheidende Rolle.
Wir werden die Darstellung der sozialen Indikatoren als Gebietskennzeichnung der sozialen Umweltsverhältnisse Wiesbadens auf verschiedenen Ebenen vornehmen. Dadurch wird es möglich, jeweils spezifische Aspekte im Rahmen der Indikatoren-Methode zu verdeutlichen.

Die auf Seite 77 dargestellte Gliederung teilt die statistischen Bezirke in zwei getrennte Gruppen: Bezirke mit Segregation und Bezirke ohne Segregation.
Dadurch ergibt sich eine linke Reihe (mit S) und eine rechte (ohne S).
Dieser Gliederung auf der Ebene der Segregation wird eine zweite zugeordnet. Hierbei geht es um die Unterscheidung zwischen Gebieten mit hohem und überdurchschnittlichem Anteil an Administrativer Intervention und solchen, in denen diese kaum oder gar nicht feststellbar ist.
Daraus ergibt sich quer zur Gliederung nach Segregation eine Gliederung nach Administrativer Intervention in der Skalierung von 1 bis 4.
Zur besseren Übersichtlichkeit und, um die Interpretation der Darstellung einfacher zu machen, wurde die Gliederung in vier voneinander unterscheidbare Indikatorenbereiche aufgeteilt: Bereich I, II, III und IV.
Der Faktor der Sozialen Position wurde variabel gehalten und lief beim Konstanthalten des Faktors Administrative Intervention und Segregation jeweils von A bis D durch.

Diese Gliederung ergab eine Grobstruktur. Sie ist dadurch gekennzeichnet, daß wir - bei allen Vorbehalten gegenüber der Einteilung der statistischen Bezirke - einen Vergleich der einzelnen Bezirke auf der Basis der ermittelten sozialen Indikatoren vornehmen und im gesamtstädtischen Überblick zu einer Abgrenzung bezirksübergreifender Planungsbereiche der sozialen Infrastruktur und Maßnahmen der Vorsorge kommen können.

Die für eine Detailanalyse notwendige Öffnung der statistischen Bezirke bis auf die Ebene der Blöcke bzw. einzelner Rasterpunkte der gesamtstädtischen Gliederung wird durch das vorliegende Material nicht ermöglicht.

Die Reichweite der sozialen Indikatoren ist zwar begrenzt. Sie schafft - darin besteht die positive Erkenntnis jeder methodischen Begrenzung - aber erst die Voraussetzung für eine folgende Detailanalyse.

Kehren wir zur Analyse der Grobstruktur der Indikatorenbereiche I bis IV zurück.

Indikatorenbereich I: in ihm erscheinen Bezirke mit einem sehr hohen Anteil an Administrativer Intervention. Außerdem sind diese Bezirke segregiert.

Indikatorenbereich II: auch hier haben wir Bezirke, die durch einen überdurchschnittlich hohen Anteil an Administrativer Intervention auffallen, jedoch nicht segregiert sind.

Indikatorenbereich III: Die Bezirke in diesem Bereich sind durchweg gekennzeichnet durch Segregation und zwar ausschließlich in der sozialen Position A und B mit einer Ausnahme, die noch erläutert wird. Sie bilden keinen Schwerpunkt der Administrativen Interventionen.

Indikatorenbereich IV: Diese Bezirke sind weder segregiert noch in bemerkenswertem Umfang durch den Faktor Administrative Intervention belastet. Die soziale Position A tritt als Index bei keinem Bezirk in Erscheinung. Die Schwerpunkte sind im Gegenteil nach C und D verschoben.

Für die weitere Analyse werden uns in erster Linie die Bereiche I, II und III interessieren. Hier zeigen die sozialen Indikatoren jeweils spezifische Ausprägungen, die eine Stellungnahme erfordern.

3.71 Analyse des Indikatorenbereichs I

Die Bezirke des Bereichs I sind - wie bereits erwähnt - sowohl im Faktor Segregation belastet, als auch durch das Ausmaß Administrativer Intervention.
Bei der Betrachtung des Faktors Soziale Position fällt auf, daß der Index A nicht vertreten ist, sondern B und C. Auffällig ist, daß Administrative Intervention nicht, wie ursprünglich angenommen, mit fallender sozialer Position ansteigt, also in der untersten sozialen Schicht am häufigsten zu finden ist, sondern sich in den beiden mittleren sozialen Schichten (Indizes B und C) konzentriert. Sie zeigen eine teilweise ähnliche Sozialstruktur, sind einander geografisch benachbart und bilden den Bereich der Wiesbadener Innenstadt.
Die Bezirke 11 (Mitte), 12 (Westend) und 21 (südliche Innenstadt) sind keine Wohngebiete mit extrem hohem Arbeiteranteil. [x)]

Der hohe Anteil von ausländischen Einwohnern und der relativ hohe Anteil alter Menschen, verbunden mit einer sanierungsbedürftigen Wohnstruktur, kennzeichnen vor. allem die Bezirke Mitte und Westend. Die soziale Zusammensetzung im Bezirk Innenstadt weicht jedoch von den ersten beiden ab.
Das Ausmaß Administrativer Intervention ist besonders hoch im Bezirk Mitte, der im ganzen gesehen eine Extremstellung einnimmt.

---

x) bezogen auf die Erwerbstätigen

Von der Stadtentwicklung her gesehen können alle drei Gebiete als Sanierungsgebiete angesehen werden. Die Dringlichkeit ist jedoch unterschiedlich. Außerdem müßte dabei noch genauer untersucht werden, ob die Sanierung in jedem Fall so umfassend sein muß, wie sie im Bergkirchengebiet geplant ist: also als Sanierung der baulichen, verkehrsmäßigen und sozialen Infrastruktur gleichermaßen.
Zumindest muß man in Betracht ziehen, welches die Konsequenzen der Sanierung in einzelnen Bezirken sein können. In diesem Zusammenhang sei die These zur Diskussion gestellt, daß ein Teil der Bevölkerung - vor allem die ausländischen Familien - von einem Sanierungsgebiet in das zukünftig nächste wandern werden.
Sollte diese These sich durch Mobilitätsuntersuchungen bestätigen lassen, müßte heute bereits eine Sanierungsstrategie für den gesamten Bereich der Innenstadt erstellt werden, wenn man sich nicht der Gefahr aussetzen will, daß man die Probleme nur vor sich herschiebt.

Noch eine Bemerkung zum Faktor Administrative Intervention. Die hohe Intensität von Verwaltungseingriffen von seiten des Sozialamtes und des Jugendamtes (Sozialdienst) darf nicht zu der Vorstellung verleiten, daß hier eine intensive Gemeinwesenarbeit stattfände.
Die betriebene Sozialarbeit ist überwiegend Einzelfallhilfe und nicht dazu geeignet, die allgemein feststellbare soziale Problemlage in diesen Gebieten grundlegend zu verändern.
Das Ausmaß Administrativer Intervention erklärt sich im Bezirk 11 daraus, daß im Zuge der Sanierungsvorbereitungen eine intensive Bestandsaufnahme der Situation der im Bergkirchengebiet lebenden Bewohner - vor allem der alten Menschen, Ausländer und unvollständigen Familien - vorgenommen wurde. Es ist zu erwarten, daß eine gleichermaßen intensive Untersuchungsarbeit im Bezirk 12 zu ähnlichen Ergebnissen führen würde.

Die Analyse auf der Basis der festgestellten sozialen Indikatoren kann selber keine Maßnahmen bewerten bzw. vorschlagen. Sie soll jedoch dazu dienen, die Notwendigkeit von Maßnahmen zu verdeutlichen und ihre Dringlichkeit vor Augen zu führen.

3.72 Analyse des Indikatorenbereichs II

Die Notwendigkeit von Maßnahmen - insbesondere im Bereich der sozialen Infrastruktur - wird besonders deutlich bei der Analyse der im Bereich II versammelten Bezirke.
Auffällig ist hier - im Gegensatz zum Bereich I - die häufige Besetzung des Index A und B beim Faktor der Sozialen Position. Nur einmal erscheint C und das noch in einem Sonderfall.
Der Sonderfall betrifft den statistischen Bezirk 26 (Rheingauviertel/Homburger Straße). Hier scheint eine Verzerrung beim Index des Faktors Administrative Intervention vorzuliegen, wodurch dieser Bezirk bei 2C statt bei 3C eingestuft werden mußte.
Diese Verzerrung ist Folge der Einteilung nach alten statistischen Bezirken. Der Bezirk 26 erstreckt sich im westlichen Teil bis zum Bezirk 56 (Holzstraße), der vor allem aus dem sozialen Brennpunkt - der ehemaligen Obdachlosensiedlung Hausener Straße - besteht.
Es ist anzunehmen, daß bei Herausnahme der Fälle des sozialen Brennpunktes der Bezirk in den Indikatorenbereich IV fallen würde.
Gehen wir einmal von dieser Tatsache aus, dann fällt auf, daß die verbleibenden Bezirke

- nicht segregiert sind;
- ausschließlich den unteren sozialen Positionen A und B zugeordnet werden müssen und
- einen überdurchschnittlichen Schwerpunkt für Maßnahmen der Administrativen Intervention bilden.

Sieht man sich die Bezirke genauer an, so kommt eine vierte
Besonderheit zum Vorschein, die uns Anlaß zu Interpretationen
gibt.

Zum Bereich II gehören ausschließlich Neubaugebiete des
sozialen Wohnungsbaus: <u>Schelmengraben (Bezirk 55), die Siedlung Talheim (Bezirk 53), Hochfeld (Bezirk 82), Biebrich-Nordost (Bezirk 35), Siedlung Kostheim (Bezirk 95), Klarenthal (Bezirk 14) und Gräselberg (Bezirk 33)</u> weisen bei
niedriger sozialer Position hohe Administrative Intervention auf.

Wenn wir vor allem in Neubaugebieten eine Massierung sozial
schwacher Haushalte vorfinden und durch den Index für die
eingeleiteten Sozialmaßnahmen erfahren, daß sich hier ebenfalls ein Schwerpunkt ausmachen läßt, dann wird ein Problemkreis sichtbar, den man im Vergleich und im Verhältnis zu
anderen Bezirken in anderen Indikatorenbereichen weiterverfolgen muß.
Von den 7 Bezirken des Bereichs II können im Zuge der weiteren Analyse zwei hervorgehoben werden. Es sind dies die
Bezirke 35 (Biebrich-Nordost) und 53 (Siedlung Talheim).

Der Bezirk Biebrich-Nordost zeichnet sich durch eine Neubaumaßnahme besonderer Art aus: durch die 1966 erbaute Obdachlosensiedlung Mühltal. Ähnlich ist die Situation bei der
Siedlung Talheim. Zu ihr zählt die 1956 erbaute Obdachlosensiedlung Wachsacker.
In diesen beiden Bezirken gibt es offenbar eingrenzbare soziale
Brennpunkte, die bei der Verwendung sozialer Indikatoren für
die alten statistischen Bezirke den ganzen Bezirk in einseitiger Weise charakterisieren.
Daß Biebrich-Nordost trotz der Obdachlosensiedlung den Index B
der Sozialen Position innehat, erklärt sich durch die unterschiedliche Sozialstruktur in diesem Bezirk, der ansonsten
zu den gehobenen Wohngegenden zählt. Der Index B ist also
ein Kompromiß zweier entgegenlaufender Indizes der Sozialen
Position.

Kehren wir zur Analyse der weiteren 5 Bezirke im Bereich II zurück, dann stellen wir fest, daß Neubausiedlungen so unterschiedlichen Alters wie Klarenthal, Schelmengraben und Gräselberg eine relativ gleiche Problembelastung aufweisen. Damit wird deutlich, daß hier Probleme im Gemeinwesen vorhanden sind, deren Lösung noch nicht weit gediehen sein kann.

Da das geschichtliche Wachstum eines Wohngebiets in der Regel zum Aufbau nachbarschaftlicher Unterstützungssysteme führt, gingen wir von der Hypothese aus, daß wachsendes Alter von Neubaugebieten des sozialen Wohnungsbaus eine Abnahme der Problembelastung nach sich zieht. Diese Hypothese wird durch das vorliegende Material nicht bestätigt. Wir schließen daraus, daß allenfalls ein Formwandel der sozialen Belastung stattfindet und vermuten, daß in den jüngeren Gebieten des sozialen Wohnungsbaus Konflikte vorwiegend aggressiv entäußert werden (hohe Jugendkriminalität), während sie in älteren neurotisiert, verinnerlicht werden (hohe Ehescheidungsquote): im ersten Fall werden Konflikte offensichtlich, auf der Straße, ausgelebt; im zweiten Fall schlagen sie auf den Binnenraum der Familie zurück, werden also "privatisiert".

Der hohe Anteil Administrativer Interventionen läßt erkennen, daß

- die sozialen Problemfälle in den Siedlungen zurückgeblieben sind, auch wenn sich eine Entmischung und Stabilisierung der Bevölkerung wie in Klarenthal und Gräselberg feststellen läßt;
- die Entwicklung von Subsystemen sozialer Hilfe nur unvollkommen hat einsetzen können;

- eine soziale Infrastruktur als Gerüst einer Gemeinwesenarbeit fehlt und dringend notwendig ist;
- die finanzielle Belastung der einzelnen Haushalte in diesen Gebieten so hoch ist, daß die Angewiesenheit auf öffentliche Hilfen in Notfällen und bei Veränderungen der wirtschaftlichen Situation ein Dauerzustand im sozialen Wohnungsbau sein wird.

Geringe finanzielle Belastungsfähigkeit durch die hohen Kosten des sozialen Wohnungsbaus, fehlende nachbarschaftliche Hilfs- und Beziehungssysteme (-durch eine fehlende Geschichte in den Gebieten) und eine kaum entwickelte soziale Infrastruktur sind die Gründe für die Häufung der Bezirke im Bereich II.

3.73 Analyse des Indikatorenbereichs III

Sind im Bereich II in erster Linie und fast ausschließlich Neubausiedlungen des sozialen Wohnungsbaus vertreten, so fällt bei der Analyse des Bereichs III auf, daß er die alten Vororte Wiesbadens im Süden des Stadtgebietes umfaßt.

Wenn bei der Analyse des Bereichs II deutlich wurde, daß ein wesentlicher Grund für die Massierung Administrativer Interventionen die Geschichtslosigkeit und fehlende Infrastruktur ist, so muß sich nun erweisen, ob sich diese Annahme im Rahmen der städtischen Verhältnisse belegen läßt.
Fest steht: so klar wie die Neubausiedlungen im Bereich II anzutreffen waren, so deutlich bilden die alten Ortskerne einen Schwerpunkt im Bereich III.
Bezirk 31 (Alt-Biebrich), Bezirk 41 (Alt-Schierstein), Bezirk 51 (Alt-Dotzheim), Bezirk 56 (Holzstraße), Bezirk 91 (Amöneburg), Bezirk 94 (Alt-Kostheim) sind zwar segregierte Gebiete, aber keine mit einer besonderen Belastung durch den Faktor der Administrativen Intervention.
Zwar können sie ausschließlich dem Index A und B der sozialen Position zugeordnet werden - wie die Bezirke im Bereich II -

ohne sich besonders im Rahmen der administrativen Intervention hervorzuheben.
Eine Interpretation liegt auf der Hand. In den alten Ortskernen mit ihren gewachsenen Sozialstrukturen und den relativ schlechten, aber erschwinglichen Wohnungen, werden offenbar die auftretenden Probleme finanzieller und häuslicher Art anders gelöst als in den Neubauvierteln.
Zwar ist das Netz der sozialen Kontrolle hier größer. Wo jeder jeden kennt, kann kaum etwas voreinander verborgen bleiben; dies hat aber seine positive Kehrseite insofern, als die Kenntnis, die Kontrolle ermöglicht, auch dazu führt, daß man immer jemanden findet, der helfen kann, wenn es notwendig wird.
Probleme bestehen in diesen Bezirken sicher durch die Bau- und Wohnstruktur, in der Überalterung der Bevölkerung, der schlechten gesundheitlichen Versorgung, dem Zuzug von Gastarbeitern, deren Zukunft in der Bundesrepublik kaum gesichert ist, und den mangelhaften Qualifikationsmöglichkeiten, was sich in einem überproportionalen Anteil von Sonderschülern - besonders im Süden Wiesbadens - darstellt.

Eine Sonderrolle im Indikatorenbereich III nehmen die Bezirke 34 (Mosbachtal) und 72 (Wolfsfeld/Fichten) ein.
Sie zählen zwar zu den segregierten Bezirken, haben aber so gut wie keine Administrative Intervention zu verzeichnen. Der Index der Sozialen Position ist bei ihnen C - d. h. sie heben sich deutlich von den anderen Bezirken dieses Bereiches ab.
Erklärt werden kann dies Phänomen beim Bezirk 34 dadurch, daß hier zwei sehr unterschiedliche Siedlungsteile den Bezirk bilden: einerseits die Villengegend am Mosbachtal, die verantwortlich ist für die hohe soziale Position, andererseits als altes Ortsgebiet, die Gibb, die von der Baustruktur und der sozialen Zusammensetzung her die Segregation bewirkt.

Ähnlich ist die Situation im Bezirk 72. Der Faktor Segregation wird hier durch die Tatsache gebildet, daß Amerikaner als Ausländer dominieren - aber eben als Ausländer, die nicht zu den Arbeitern zu zählen sind.

3.74 Einwohnerverteilung in den Indikatorenbereichen

Die sozialen Indikatoren haben - wie ausführlich dargelegt wurde - eine sozialräumliche Gliederung Wiesbadens möglich gemacht.
Der Bereich IV ist im Sinne der Indikatoren kein Bereich, der analysiert werden muß, da in ihm weder eine Dominanz einzelner Faktoren der sozialen Belastung, noch eine Verschärfung durch bestimmte Indizes im Rahmen der Grobstuktur feststellbar war.

Zum Abschluß der Bereichsanalyse wurde die Verteilung der Einwohner Wiesbadens auf die einzelnen Indikatorenbereiche ermittelt. Dies schien wichtig, um die Größenordnung der Betroffenheit und die Gewichtung der einzelnen Bereiche deutlicher herausstellen zu können.
Der Berechnung liegt die Fortschreibung der Einwohnerzahlen für das Jahr 1974 zugrunde. Daraus ergibt sich folgende Verteilung:

Einwohner im Indikatorenbereich

I	44 553	50 594	II
III	40 363	117 875	IV

Der Indikatorenbereich I stellt im Verhältnis zu den Bereichen II und III einen Mittelwert dar. Der Bereich II ist etwa 10 % - an Einwohnern gemessen - größer als der Bereich I, der Bereich III dagegen ca. 10 % kleiner.
Insgesamt ist das zahlenmäßige Einwohnerverhältnis der durch die Indikatoren bezeichneten Bezirke 135 510 (=Einwohner der Bereiche I, II und III) zu 117 875 (=Einwohner des Bereichs I

3.8 Zusammenfassende Thesen zu den Indikatorenbereichen

1. Ein segregiertes Gebiet ist grundsätzlich ein alter Ortskern, - aber nicht alle alten Ortskerne sind segregiert.

2. Ein segregiertes Gebiet ist grundsätzlich ein Gebiet mit überwiegender Arbeiterbevölkerung.

3. Die soziale Homogenität ist in den Gebieten mit den Indizes A (Massierung niedriger sozialer Position) und D (Massierung hoher sozialer Position) am höchsten. Andererseits findet in diesen Gebieten - A und D - Administrative Intervention relativ selten statt. Daraus kann geschlossen werden, daß soziale Homogenität Administrative Intervention abwehrt - und zwar sowohl bei oberen als auch bei unteren sozialen Schichten.

4. Interventionsschwerpunkte sind die nichtsegregierten Gebiete.
Ausnahmen: Innenstadtbezirke 11, 12 und 21.
Segregation kann demnach keine Erklärung für hohe Administrative Intervention in diesen Gebieten sein.

5. Interventionsschwerpunkte sind Neubausiedlungen des sozialen Wohnungsbaus.

6. Interventionsschwerpunkte außerhalb von Neubaugebieten sind entweder Obdachlosensiedlungen oder Ausdruck einer allgemeinen sozialen Desorganisation im Siedlungsgebiet.

7. Bei nichtsegregierten und nahezu interventionsfreien Gebieten ist kein Unterschied zwischen Neubaugebieten und alten Ortskernen festzustellen.

8. Neubaugebiete im Indikatorenbereich IV sind nicht bzw. nur in geringem Umfang im sozialen Wohnungsbau errichtet worden. Ausnahme: Bezirk 32 - Mischgebiet Rosenfeld/Selbsthilfehäuser und Wohnungen des sozialen Wohnungsbaus. Hier liegt eine Verzerrung durch die Einteilung der statistischen Bezirke vor.

9. Wohngebiete, in denen nur gewohnt werden kann, erfordern dann ein hohes Ausmaß an Administrativer Intervention, wenn dort vorwiegend Familien mit niedriger sozialer Postion wohnen.

10. Wohnen in solchen Gebieten Familien mit hoher sozialer Position, dann ist Administrative Intervention nur selten notwendig.

11. Fazit: Schlafstädte zerstören die Organisationstruktur und die Lebensmöglichkeiten von Arbeiterhaushalten.

12. Weist ein Wohngebiet integrierte Lebensmöglichkeiten (Wohnen, Freizeit und Arbeit) und eine gewachsene Beziehungsstruktur (Geschichte) auf, dann wird Administrative Intervention nur im geringen Maße notwendig, auch wenn dieses Gebiet vorwiegend von Familien mit niedriger sozialer Position bewohnt wird.

SOZIALE INDIKATOREN

INDIKATORENBEREICHE

Indikatoren-Kennzeichnung (Zahl/Buchstaben-Kombination)
siehe Seite 68 - 71.
Zahl: Faktor Administrative Intervention; Buchstabe: Fakor Soziale
Position; S: Segregation

Indikatoren-bereich	Indikator	Statistischer Bezirk	Indikator	Statistischer Bezirk	Indikatoren-bereich
I	1 AS :		1 A :	53, 55	**II**
	1 BS :	11	1 B :	82, 35	
	1 CS :		1 C :		
	1 DS :		1 D :		
	2 AS :		2 A :	95	
	2 BS :	12	2 B :	14, 33	
	2 CS :	21	2 C :	26	
	2 DS :		2 D :		
III	3 AS :	56	3 A :		**IV**
	3 BS :	31,41,51	3 B :	32,38,75,81 92,93	
	3 CS :		3 C :	13,15,24,37 71	
	3 DS :		3 D :	25,22	
	4 AS :	91,94	4 A :		
	4 BS :		4 B :	54,57,62,74 83	
	4 CS :	34,72	4 C :	42,52	
	4 DS :		4 D :	16,17,23,36 61,73	

Statistische Bezirke
der Landeshauptstadt Wiesbaden

Alt-Wiesbaden

11 Mitte
12 Westend, Bleichstraße
13 Hollerborn, Wellritztal
14 Klarenthal
15 Aarstraße, Riederbergstraße
16 Nerotal, Dambachtal
17 Kurviertel, Schumannstraße
21 Südliche Innenstadt
22 Frankfurter Straße
23 Hainerberg, Karl-Peters-Straße
24 Mainzer Straße, Südfriedhof
25 Wielandstraße, Mosbacher Berg
26 Rheingauviertel, Homburger Straße

Biebrich

31 Alt-Biebrich
32 Äppelallee, Parkfeld
33 Gräselberg
34 Mosbachtal
35 Biebrich-Nordost
36 Adolfshöhe
37 Waldstraße
38 Kahlemühle

Schierstein

41 Schierstein-Süd
42 Schierstein-Nord

Dotzheim

51 Alt-Dotzheim
52 Kohlheck, Schönberg
53 Talheim
54 Freudenberg
55 Schelmengraben, Märchenland
56 Holzstraße

Frauenstein

57 Frauenstein

Sonnenberg

61 Sonnenberg

Rambach

62 Rambach

Bierstadt

71 Alt-Bierstadt
72 Wolfsfeld, Fichten
73 Bierstadter Höhe, Aukamm

Heßloch

74 Heßloch

Kloppenheim

75 Kloppenheim

Erbenheim

81 Alt-Erbenheim
82 Hochfeld

Igstadt

83 Igstadt

Amöneburg

91 Amöneburg

Kastel

92 Kastel-West, Am Rinker
93 Alt-Kastel

Kostheim

94 Alt-Kostheim
95 Siedlung Kostheim

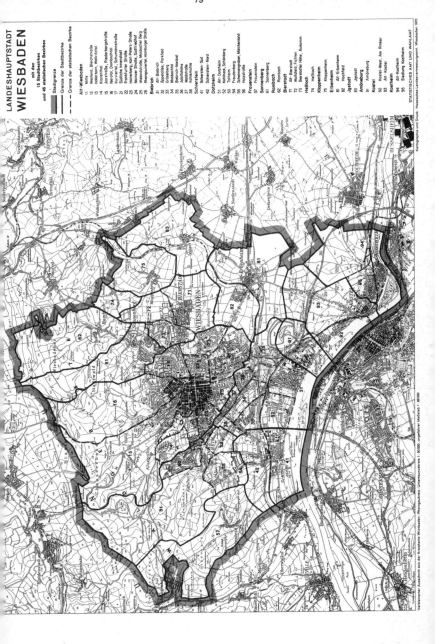

LANDESHAUPTSTADT WIESBADEN
mit den 15 Stadtbezirken und 45 statistischen Bezirken

— Stadtgrenze
— Grenze der Stadtbezirke
--- Grenze der statistischen Bezirke

Alt-Wiesbaden
11 Mitte
12 Westend, Bleichstraße
13 Hollerborn, Wellritztal
14 Klarenthal
15 Kurstraße, Riederbergstraße
16 Nerotal, Dürerplatz
17 Kurviertel, Schumannstraße
21 Südliche Innenstadt
22 Frankfurter Straße
23 Heimetberg, Karl-Peters-Straße
24 Mainzer Straße, Sudfriedhof
25 Weidenbornstraße, Moosbacher Straße
26 Rheingauviertel, Hollborger Straße

Biebrich
31 Alt-Biebrich
32 Aspelstraße, Parkfeld
33 Gräselberg
34 Moosbochtal
35 Biebrich-Nordost
36 Adelhöfe
37 Waldstraße
38 Kohlheck

Schierstein
41 Schierstein-Süd
42 Schierstein-Nord

Dotzheim
51 Alt-Dotzheim
52 Kohlheck, Schöneberg
53 Tolhaim
54 Freudenberg
55 Schönlagen, Märchenland
56 Hochbrücke

Frauenstein
57 Frauenstein

Sonnenberg
61 Sonnenberg

Rambach
62 Rambach

Bierstadt
71 Alt-Bierstadt
72 Weßfeld, Fischen
73 Bierstädter Höhe, Auhemm

Heßloch
74 Heßloch

Kloppenheim
75 Kloppenheim

Erbenheim
81 Alt-Erbenheim
82 Hochfeld

Igstadt
83 Igstadt

Amöneburg
91 Amöneburg

Kastel
92 Kastel-West, Am Rinkor
93 Alt-Kastel

Kostheim
94 Alt-Kostheim
95 Siedlung Kostheim

STATISTISCHES AMT UND WAHLAMT

3.9 Kartierung der sozialen Indikatoren

Die Darstellung der Indikatorenbereiche, die sich aus der Gliederung durch die Faktoren bzw. Indizes der Administrativen Intervention und Segregation ergeben, ist zu ergänzen durch eine Darstellung der räumlichen Verteilung der indizierten Bezirke.
Jetzt erst kann man im eigentlichen Sinne von einer sozialräumlichen Gliederung sprechen. Denn die Verhältnisse der sozialen Zusammensetzung werden nun besonders deutlich.

Schwerpunkt ist der Innenstadtbereich. Um ihn herum - außer im Norden - lagern sich die Bezirke, die einen überdurchschnittlichen Anteil Administrativer Interventionen aufweisen, aber nicht segregiert sind.
Die segregierten Bezirke bilden nach Süden den äußeren Rand des Stadtgebietes.
Das Nord-Süd-Gefälle der Stadt Wiesbaden mit seinem von Nord-Westen nach Süd-Osten verlaufenden sozialen Äquator zeigt überaus deutlich, daß die Zonen sozialer Belastung nicht gleichmäßig über das Stadtgebiet verteilt sind.

Diese Darstellung der Grobstruktur weist der Planung sozialer Hilfen einen deutlichen Weg.
Mit der Darstellung der räumlichen Verteilung sind die Erkenntnismöglichkeiten erschöpft.
Eine Binnengliederung der statistischen Bezirke nach fachlichen Gesichtspunkten hin zu Organisationseinheiten der sozialen Arbeit wird im Rahmen des Konzeptes für die Neuorganisation der Sozialen Dienste des Jugendamtes vorbereitet.
Diese Neuorganisation der Sozialen Dienste baut auf der Ermittlung der sozialen Indikatoren auf und ergänzt sie.
Es wird dann möglich sein anzugeben, welche städtischen Bereiche regional einheitlich versorgt, und welche zentral erfaßt und betreut werden müssen.
Zu letzterem werden sicherlich die Obdachlosensiedlungen bzw. soziale Brennpunkte und die Bezirke im Bereich IV gehören.

Für die Bezirke der Indikatorenbereiche I, II und III werden regionale Einheiten gebildet, die nach dem Gemeinwesenkonzept ausgerichtet sind und als integrierte Soziale Dienste im jeweiligen Bezugsgebiet arbeiten werden.

KARTIERUNG DER STATISTISCHEN BEZIRKE NACH DEN SOZIALEN INDIKATOREN

INDIKATORENBEREICH I
■ BEZIRKE MIT ÜBERDURCHSCHNITTLICHER ADMINISTRATIVER INTERVENTION UND SEGREGATION

INDIKATORENBEREICH II
▥ BEZIRKE MIT ÜBERDURCHSCHNITTLICHER ADMINISTRATIVER INTERVENTION – NICHT SEGREGIERT

INDIKATORENBEREICH III
▦ BEZIRKE OHNE BESONDERE ADMINISTRATIVE INTERVENTION, MIT SEGREGATION

INDIKATORENBEREICH IV
☐ BEZIRKE MIT UNTERDURCHSCHNITTLICHER ADMINISTRATIVER INTERVENTION, NICHT SEGREGIERT

// SOZIALER ÄQUATOR

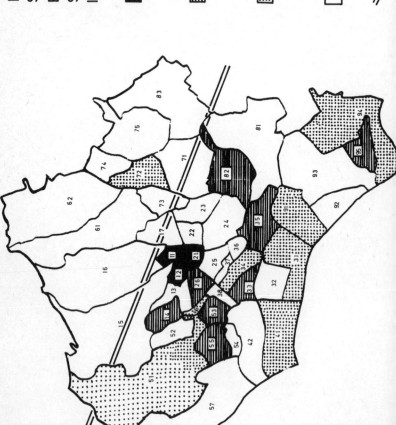

3.10 Kartierung der Variablen der sozialen Indikatoren

Die Kartierung der Variablen, die in die Bestimmung der
sozialen Indikatoren eingegangen sind, ist die dritte Form
der Darstellung.
Damit wird - soweit es bis jetzt möglich ist - ein wesentlicher Schritt auf dem Weg zu einem Sozialatlas der Stadt
Wiesbaden getan.

An Hand der folgenden Karten kann die Lokalisierung einzelner sozialer Merkmale bzw. die Verteilung der sozialen
Unterschiede deutlich gemacht werden.
Eine weitere Kommentierung der Karten braucht nicht zu
erfolgen.

Die Karten sind als Ergänzung zur Kartierung der sozialen
Indikatoren gedacht. Durch sie wird beim Vergleich sichtbar, daß die sozialen Indikatoren in ihrer Zusammenfassung
vielfältiger Variablen eine nicht zu ersetzende Funktion
haben, wenn es darum geht, trotz der Mehrdimensionalität
sozialer Daten ein klares Bild über die sozialen Verhältnisse und Beziehungen im gesamtstädtischen Vergleich zu erhalten.
In diesem Sinne fassen wir die Einzelkartierung als notwendige und anschauliche Ergänzung zu den sozialen Indikatoren auf.

Soziale Indikatoren

Anlagen: Variablen-Kartierung

<u>Anlage 1:</u> Fälle des Sozialamtes
- Hilfe zum Lebensunterhalt bezogen auf Haushalte -
Quelle: Sozialamt
Stand: 1975
Faktor: Administrative Intervention

<u>Anlage 2:</u> Fälle des Sozialdienstes
- bezogen auf Mehrpersonenhaushalte -
Quelle: Jugendamt (Sozialdienst)
Stand: 1975
Faktor: Administrative Intervention

<u>Anlage 3:</u> Arbeiteranteil bezogen auf Erwerbstätige insgesamt
Quelle: Wohnbevölkerung und Erwerbstätigkeit in Wiesbaden
Stand: 1970
Faktor: Soziale Position

<u>Anlage 4:</u> Wohnbevölkerung mit Volksschulabschluß bezogen auf die Wohnbevölkerung mit Schulabschluß insgesamt
Quelle: Statistische Berichte der Landeshauptstadt Wiesbaden 1/1972
Stand: 1970
Faktor: Soziale Position

<u>Anlage 5:</u> Anteil der Gymnasiasten bezogen auf Schüler und Studierende insgesamt
Quelle: Wohnbevölkerung und Erwerbstätigkeit in Wiesbaden
Stand: 1970
Faktor: -

Anlage 6: Verteilung der Sonderschulquoten in den
Wiesbadener Schulbezirken
Quelle: Zwischenbericht zur Neufassung des
Wiesbadener Schulentwicklungsplanes
Stand: 1974
Faktor: -

Anlage 7: Haushalte mit Kindern und Durchschnittseinkommen unter 1 200,-- DM
Quelle: 10 % Stichprobe der Volkszählung
Stand: 1970
Faktor: Soziale Position

Anlage 8: Haushalte mit mindestens 3 Kindern
Quelle: 10 % Stichprobe der Volkszählung
Stand: 1970
Faktor: -

Anlage 9: Wohndichte - Personen pro Raum und Quadratmeter
Quelle: 1. Gebäude- und Wohnungszählung 1968,
   Fortschreibung 1974
2. Bevölkerungsprognose 1975 - 1985,
   Durchschnittliche Wohnfläche pro
   Einwohner 1974
Stand: 1974
Faktor: Soziale Position

Anlage 10: Verteilung der Ausländer bezogen auf die
Wohnbevölkerung insgesamt
Quelle: Adrema-Auszählung
Stand: 1974
Faktor: Segregation

Anlage 11: Einwohner über 65 Jahre
Quelle: Adrema-Auszählung
Stand: 1974
Faktor: Segregation

Anlage 12:   Wohnungen ohne Bad und ohne WC
             Quelle: Gebäude- und Wohnungszählung
             Stand: 1968
             Faktor: Segregation

A n m e r k u n g
_____

Bei den Kartierungen der Sozialen Indikatoren (Anlagen 1 - 5
und 7 - 12) wurden die Klassengrenzen für die Schraffuren durch
Prozentränge (2o, 4o, 6o, 8o, 1oo) der jeweiligen Verteilung
festgelegt, wodurch jedem Schraffurtyp eine gleich hohe Fall-
zahl entspricht.

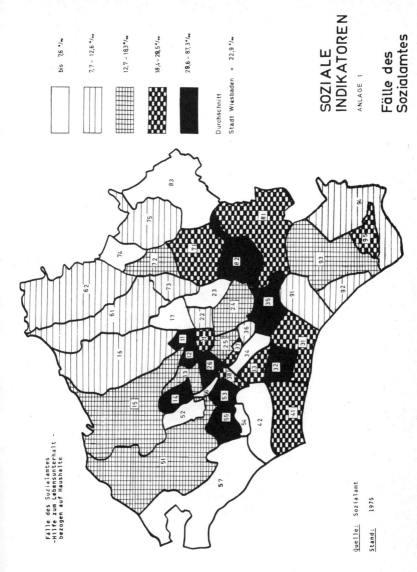

Fälle des Sozialdienstes
bezogen auf Mehrpersonenhaushalte

bis 5,8 ‰
5,9 – 8,5 ‰
8,6 – 12,5 ‰
12,6 – 19,8 ‰
19,9 – 72,4 ‰

Durchschnitt
Stadt Wiesbaden = 15 ‰

SOZIALE INDIKATOREN
ANLAGE 2
Jugendhilfe-Fälle

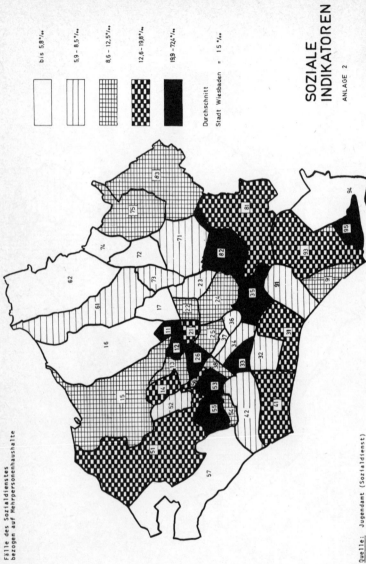

Quelle: Jugendamt (Sozialdienst)
Stand: 1975

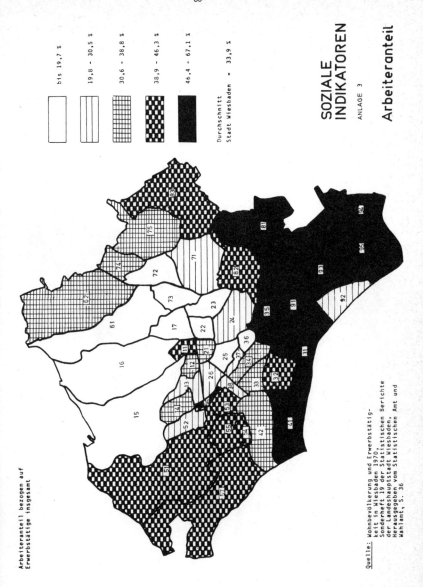

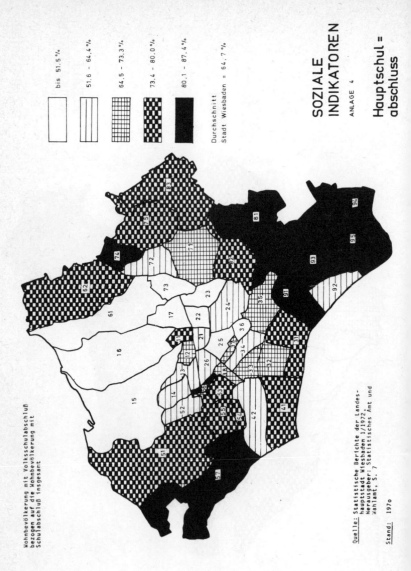

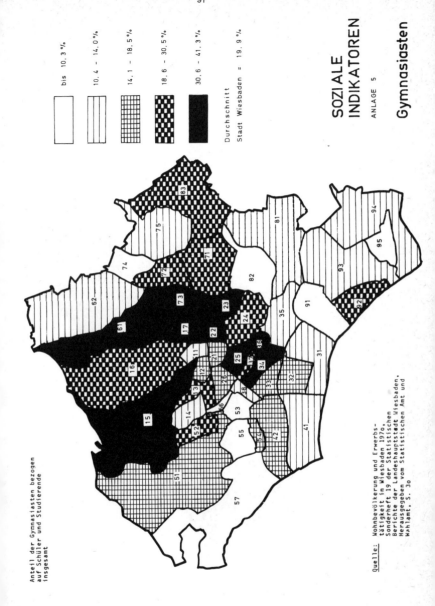

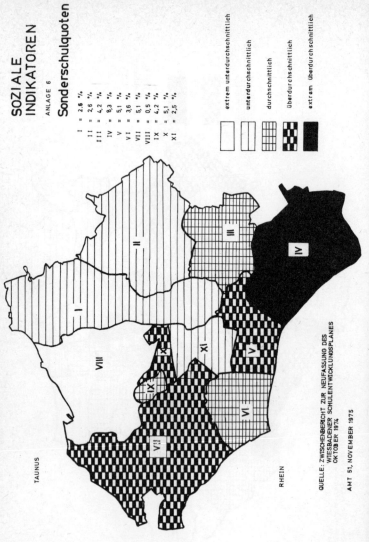

Haushalte mit Kindern
und Durchschnittseinkommen
unter 1200 DM

bis 22,0 %
22,1 - 38,3 %
38,4 - 50,3 %
50,4 - 61,0 %
61,1 - 95,2 %

Durchschnitt
Stadt Wiesbaden = 43 %

Die Bezirke 56 u. 74
sind nicht erfaßt

SOZIALE INDIKATOREN
ANLAGE 7

Einkommen und Kinder

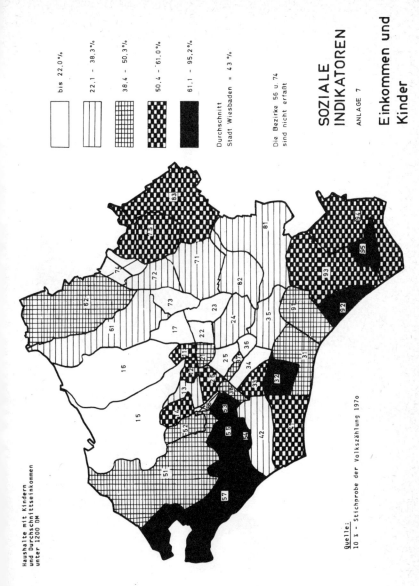

Quelle:
10 % - Stichprobe der Volkszählung 1970

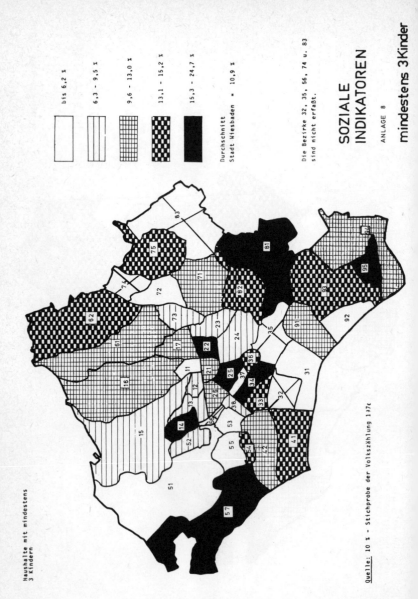

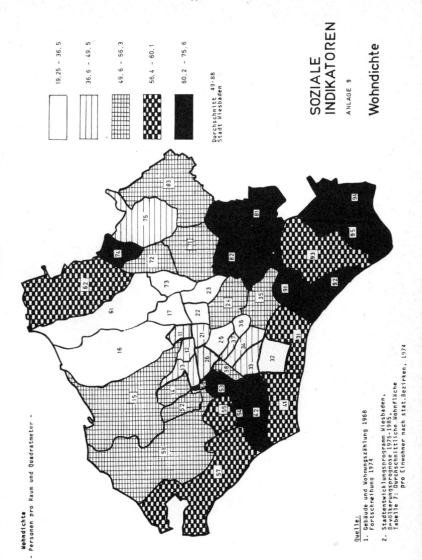

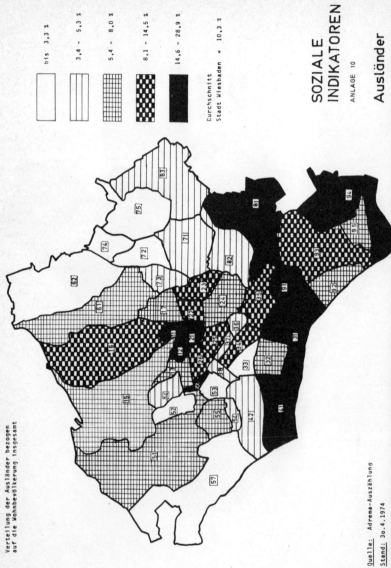

Verteilung der Ausländer bezogen auf die Wohnbevölkerung insgesamt

bis 3,3 %
3,4 - 5,3 %
5,4 - 8,0 %
8,1 - 14,5 %
14,6 - 28,9 %

Durchschnitt
Stadt Wiesbaden = 10,3 %

SOZIALE INDIKATOREN

ANLAGE 10

Ausländer

Quelle: Adrema-Auszählung
Stand: 30.4.1974

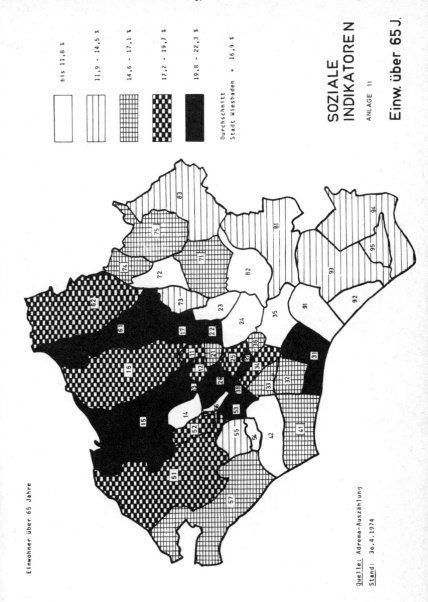

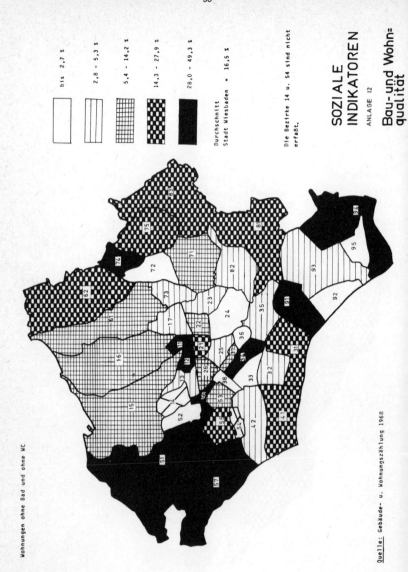

4. Vorschulerziehung

Der Vorschulbereich ist in diesem Jugendbericht aufgenommen worden, um darzustellen, daß Vorschulerziehung ein Teilaspekt des Problemkreises Jugend ist und zum anderen, daß die Vorschulerziehung Vermittlungsfunktion leisten kann im Rahmen der Bildung neuer Strukturen und Beziehungen, wie sie im Rahmen des Indikatorenkonzeptes als notwendig erkannt worden sind. Die Kindertagesstätte ist somit nicht mehr nur Erziehungsinstanz, sondern soll auch Kristallisationspunkt eines Gemeinwesens werden. Insbesondere wird dies über intensivierte Elternarbeit und Elternschulung leistbar sein.

4.1 Aufteilung in Planungsbereiche und Regionen

In der Vergangenheit hat das Jugendamt sich bei der Planung von Kindertagesstätten an der noch gültigen Einteilung für statistische Bezirke orientiert. Trotz der damals schon bekannten Unschärfe dieser Einteilung reichte diese für Planung aus, weil der Bedarf an Plätzen insgesamt so hoch war, daß dadurch Fehlplanung vermieden werden konnte. Heute hat der Versorgungsgrad eine Höhe erreicht, die Planung mit höherer Trennschärfe notwendig macht. Somit sind auch kleinere Einzugsbereiche für Kindertagesstätten zu definieren. Da im gleichen Rahmen Vorarbeiten des Planungsamtes vorlagen, die die Stadt Wiesbaden in 103 statistische Bezirke einteilt, haben wir uns derer bedient und sind das Risiko der Zweigleisigkeit eingegangen. Dies war u. a. deshalb unproblematisch, weil wir glaubten, davon ausgehen zu können, daß die entsprechenden Beschlüsse über die Neueinteilung der statistischen Bezirke vor Abschluß des Jugendberichtes herbeigeführt würden. Dies ist leider nicht der Fall gewesen, womit aber nicht gesagt werden kann, daß die vorgenommene Neueinteilung sachlich ungerechtfertigt sei.

Die angesprochenen 103 statistischen Bezirke sind in 21 Planungsregionen eingeteilt. Sieben umfassen die Altstadt und Klarenthal, die restlichen vierzehn Bezirke die Vororte einschließlich AKK. 1)

Wir haben in unseren Planungen den Planungsbereich 14/15 (Biebrich/Gräselberg) in 2 unabhängige Bereiche aufgeteilt, um eine höhere Genauigkeit zu erzielen. Dementsprechend geht der Jugendbericht immer von 22 Planungsregionen gegenüber 21 im Konzept des Planungsamtes aus.

4.2 Bedarfsermittlung

Mit Beginn der Arbeiten am Jugendbericht mußte festgestellt werden, daß statistisches Material zur Errechnung irgend eines Bedarfes nicht vorlag.

Ebenfalls mußte festgestellt werden, daß normale Arbeitswege - wie z. B. der Einsatz der ADV 2) nicht beschritten werden konnten, weil die vorhandenen Datenträger zu dem damaligen Zeitpunkt noch nicht in einen Computer eingelesen werden konnten, sondern hätten per Hand gelocht werden müssen.

Es war somit notwendig, daß Mitarbeiter, um eine reale Zahlenbasis zu erhalten, die Adressen aller Jahrgänge von 1957 bis 1975 per Hand auszählten und entsprechend strukturierten. Dieses Verfahren ist in etwa vergleichbar der Möglichkeit, daß Wiesbaden auf die Elektrifizierung verzichtet hätte und stattdessen das notwendige Licht über Gas, Petroleum oder ähnliches erzeugen würde.

Die Adrema-Kartei hat aber auch einen Vorteil, nämlich den, daß wir nicht Geburten insgesamt erfaßt haben, sondern nur noch die in dem jeweiligen Gebiet wohnenden Altersgruppen.

Fortsetzung Seite 105

---

1) AKK = Abkürzung für die südlichen Vororte Wiesbadens
   <u>A</u>möneburg, <u>K</u>ostheim und <u>K</u>astel

2) ADV = Automatisierte Datenverarbeitung

Muster für die Bedarfsermittlung

Auf den folgenden drei Seiten sind als Beispiel für die Ermittlung des Ist-Bestandes und des zu erwartenden Bedarfs die Blätter der Planungsregion 01 - Mitte dargestellt.

Seite 102: Zahlenmäßige Erfassung der Jahrgänge
und Auflistung der Einrichtungen

Seite 103: Darstellung der Standorte der Einrichtungen
auf einem Ausschnitt der Stadtkarte, der
genau die Planungsregion umfaßt.

Seite 104: Graphische Darstellung der Geburtenentwicklung bis 1975, aufgeteilt nach Deutschen,
Ausländern und insgesamt.

Dieses Material wurde für alle Planungsregionen erstellt
und wird fortgeschrieben.

STAND 1.4.76

BEREICH KINDERTAGESSTÄTTEN-PLANUNGSREGION
01–MITTE

EINWOHNER

Jahrgänge	1957	1958	1959	1960	1961	1962	1963	1964	1965	1966	1967	1968	1969	1970	1971	1972	1973	1974	1975	1976	1977	1978
Deutsche	294	263	261	285	302	267	303	351	323	326	294	315	267	238	237	182	163	188	181			
Ausländer	105	106	96	122	71	96	113	120	117	124	122	115	139	136	167	190	176	226	210			
Zusammen	399	396	357	407	373	372	416	471	440	450	416	430	406	374	404	372	339	414	391			

BEDARF AN PLÄTZEN

Platzart	1976	Perspektive 1980	Perspektive 1985
Kinderkrippe	30	30	30
Kindergarten	1217	1282	1271
Kindergarten (ganztags)	318	333	331
Kinderhort	374	344	355

VORHANDENE PLÄTZE

	zusammen	davon ganztags
Kinderkrippe	105	105
Kindergarten	700	328
Kinderhort	115	115

Namen der Einrichtungen	Krippe	Ki.Garten	davon ganztags	Hort
1. Städt. KT Kellerstraße	50	60	60	40
2. Städt. KT Kronprinzenstr.	30	60	60	-
3. Städt. KT Luxemburgplatz	-	60	60	-
4. Ev. Bergkirchengemeinde	-	75	58	50
5. Ev. Marktkirchengemeinde	-	135	30	-
6. Kath. St. Bonifatius	-	95	30	25
7. Kath. Maria Hilf	-	175	15	-
8. Kath. Kinderkrippe Roncalli	25	-	-	-
9. Tore des Hommes	-	40	15	-
10.				
11.				

BEREICH KINDERTAGESSTÄTTEN PLANUNGSREG. →STANDORTE

STAND: 1.4.76

MASSTAB: 1: 15000

01 – MITTE

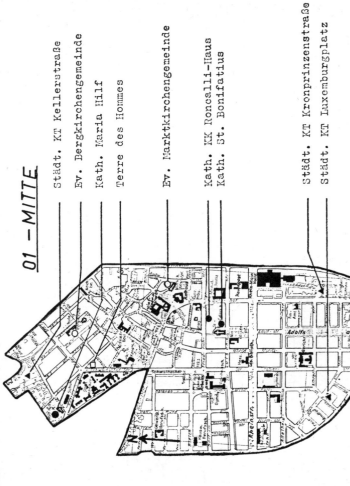

- Städt. KT Kellerstraße
- Ev. Bergkirchengemeinde
- Kath. Maria Hilf
- Terre des Hommes
- Ev. Marktkirchengemeinde
- Kath. KK Roncalli-Haus
- Kath. St. Bonifatius
- Städt. KT Kronprinzenstraße
- Städt. KT Luxemburgplatz

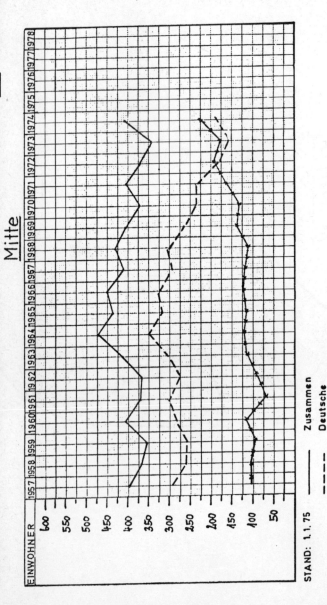

In diesem Verfahren wurde ein Realbedarf für 1976 festgestellt, der die Jahrgänge 1967, 68, 69 und 70 (zur Hälfte) für den Hort umfaßt und für den Kindergarten die Jahrgänge 1970 (zur Hälfte), 71, 72 und 73.
Der Krippenbedarf wurde auf der Jahrgangsbasis 1974/75 und der durchschnittlichen Geburtenquote 1974/75 festgestellt.

Der Perspektive 1980 liegen für den Hort die Jahrgänge 1971, 72, 73 und 74 (zur Hälfte) zugrunde. Hierbei handelt es sich um einen Realbedarf, der ohne mathematischen Operationen ermittelt worden ist. Dem Kindergarten liegen die Jahrgänge 1974 (zur Hälfte) und 3 x 1975 zugrunde. Wir halten diese Operation für sinnvoll, weil wir glauben, davon ausgehen zu können, daß wir damit in der Geburtenquote einen Grenzwert erfaßt haben.
Näheres wird hierzu in Punkt 4.7 zur Geburtenentwicklung noch ausgeführt werden.

Dem Krippenbedarf liegen 3 Jahrgänge zugrunde, und zwar 3 mal Geburtenrate des Jahres 1975. Die Begründung für diese Operation ist die gleiche wie zum Kindergarten.

Bei der Perspektive 1985 konnte nur im Hortbereich annähernd der echte Bedarf ermittelt werden. Dies stellt aber kein Problem dar, da für uns die Perspektive 1985 Trendcharakter hat, d. h. sie soll Entwicklungen verdeutlichen und damit Hilfe für Investitionsentscheidungen bieten.

4.3 Bedarfsdeckung

Ausführungen über Bedarfsdeckung im Vorschulbereich stoßen auf die Schwierigkeit, daß vorhandene Richtzahlen nicht empirisch ermittelt, sondern in der Regel politisch gewollt sind. Jeder angestrebte Deckungsgrad ist Äußerung

eines politischen Willens und kann nur im politischen
Meinungsbildungsprozeß festgestellt werden. Wir haben
bei den von uns vorgeschlagenen Richtzahlen als Aus-
gangsbasis den "Landesentwicklungsplan Hessen 80" angenommen und werden, wenn wir von ihm abweichen, dies
im einzelnen begründen.

4.31 Krippe

Der "Landesentwicklungsplan Hessen 80" sieht für die
Kinder bis 3 Jahre 5 Plätze auf 1 000 Kinder des jeweiligen Jahrgangs vor. Bei dieser Vorgabe handelt es sich
um eine Zielvorstellung, die den Landesdurchschnitt beschreiben soll. Dementsprechend muß auf Grund der bekannten Unterschiede zwischen Stadt und Land für den Stadt-
bereich von höheren Richtzahlen ausgegangen werden.
Wir legen als Richtzahl 25 Plätze auf 1 000 Kinder fest.

4.32 Kindergarten

Der Landesentwicklungsplan sieht für den Kindergartenbereich einen Versorgungsgrad vor, der 75 % der Dreijährigen
und 100 % der Jahrgangsstufe bis zur Einschulung umfaßt.
Von diesen Richtzahlen sind wir nicht abgewichen.

4.33 Hort

Im Hortbereich sehen die Vorgaben 14 Plätze auf 1 000
schulpflichtige Kinder vor. Es ist davon auszugehen, daß
auch diese Zahl eine Durchschnittszahl ist und dementsprechend nicht direkt auf Wiesbaden übertragen werden
kann. Auch ist diese Aussage "aller schulpflichtigen
Kinder" sehr unscharf, da die Jahrgangsstufen unterschied-

lichen Bedarf mit sich bringen. Wir gehen davon aus, daß
es sinnvoll und pädagogisch notwendig ist, 3 1/2 Jahrgänge schulpflichtiger Kinder in die Berechnung des Hortbedarfes einzubeziehen. Dies bezieht die Tatsache der
zunehmenden Frauenberufstätigkeit und des zunehmenden
ökonomischen Druckes auf die einzelnen Familien mit ein,
was gleichbedeutend ist mit der Notwendigkeit, die finanziellen Ressourcen in den Familien zu erhöhen. Diese Erhöhung wird bei einem Großteil der Familien über Doppelberufstätigkeit erreicht. Wir sind uns über die Möglichkeit im klaren, daß diese Jahrgangsgrenze nach oben ausgedehnt werden kann, da einmal das sozialpädagogische
Interesse, zum anderen die sozialpädagogische Notwendigkeit dauernd steigt.

Aus dieser Situation heraus haben wir einen neuen Richtwert entwickelt. Diesem Richtwert liegt die Erkenntnis
zugrunde, daß die Kinder, die bislang ganztags im Kindergartenbereich untergebracht sind, mit sehr hoher
Wahrscheinlichkeit auch zukünftige Hortkinder sein werden. Wir haben als zentralen Wert die durchschnittliche
Zahl der Ganztagsunterbringungen für die Stadt Wiesbaden
ermittelt, die momentan 24,7 % beträgt. Gleichzeitig wurde, um gebietsspezifische Unterschiede erfassen zu können, die Doppelberufstätigkeit und deren Abweichung vom
gesamtstädtischen Durchschnitt ermittelt. Die auf diese
Weise festgestellten Abweichungen werden für uns Korrekturinstrument der gesamtstädtisch ermittelten ganztägigen
Unterbringungen, d. h. dieser Durchschnittswert wird entweder positiv oder negativ durch die gebietsspezifischen
Abweichungen innerhalb der Doppelberufstätigkeit korrigiert.

Wir glauben, daß wir mit dieser Bedarfsermittlung an der
unteren Grenze liegen. Wir haben dies deshalb getan, weil
jede Bedarfsausweisung, die über diesen Wert hinausgeht,
im Augenblick nicht verwirklichbar wäre.

Abschließend muß gesagt werden, daß die Nutzung des vorhandenen Angebotes an Kindertagesstätten- bzw. Hortplätzen im direkten Zusammenhang mit der jeweiligen wirtschaftlichen Situation steht, d. h. Rezession oder Nichtrezession beeinflussen den Willen der Eltern, ihre Kinder in einer Kindertagesstätte unterzubringen. Somit ist abzusehen, daß mit zunehmendem konjunkturellen Aufstieg auch der Bedarf an Plätzen steigen wird.

4.4 Investitions- und Folgekosten

Entsprechend der in Abschnitt 4.8 dargestellten Investitionsnotwendigkeiten müßte die Stadt Wiesbaden 14,1 Mio DM Investitionskosten aufbringen. Bei der Berechnung dieser Summe wurde der Durchschnittspreis aller 1974 errichteten Kindertagesstätten zugrundegelegt. Damals mußten pro Kindergarten- bzw. Hortplatz 14 100,-- DM aufgewandt werden, wobei dieser Betrag die Grundstücks-, Erschliessungs- und Spielplatzkosten wie auch die Kosten für die Hochbaumaßnahmen umfaßt.

An Folgekosten wurden gemäß der Jahresrechnung 1975 für einen

Krippenplatz	8 114,-- DM
Kindergartenplatz	3 586,-- DM
Hortplatz	3 586,-- DM

pro Jahr aufgewendet.

Dieser Betrag reduziert sich durch Einnahmen, womit der Zuschußbetrag pro

Krippenplatz	5 682,-- DM
Kindergartenplatz	2 731,-- DM
Hortplatz	2 731,-- DM

im Jahr beträgt.

Um eine Wertung dieser Zahlen zu ermöglichen, kann darauf hingewiesen werden, daß ein Ganztagskindergartenplatz im Jahr etwa soviel kostet, wie ein Kinderheimplatz im Monat.

4.5 WIESBADENS VERSORGUNG MIT KINDERGARTEN-PLÄTZEN 1970–1976

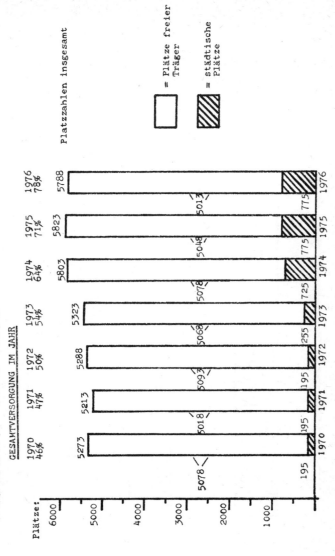

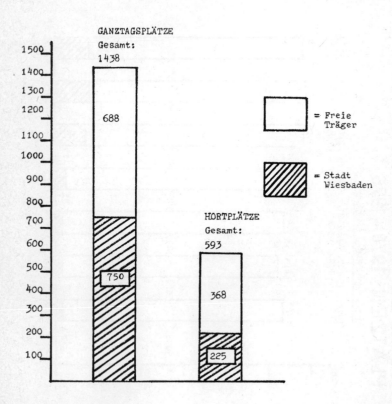

4.6 RELATIONEN IN STÄDTISCHEN KINDERTAGESSTÄTTEN

RELATION	KINDER-KRIPPE	KINDER-GARTEN	KINDER-HORT
1	2	3	4
Kinder pro Gruppe	8 - 10	20	20
Kind pro Person	4,4	11,5	8,2
Kind pro Erzieher 1)	7,3	14,2	11,7
Pädagogische Nutzfläche (in qm) pro Kind	2,4	2,1	2,7
Außenfläche pro Kind	23	11	20
Materialetat pro Kind und Jahr 2)	39,85	33,60	33,60
restliche Kosten pro Kind und Jahr 2) (Personal-u. Sachkosten ./. Einnahmen)	5.642,85	2.698,10 3)	2.698,10 3)

1) auch Kinderkrankenschwestern

2) Rechnungsergebnis aus 1975

3) Die Kindergärten und die Horte sind nicht getrennt zu ermitteln, deshalb erscheint der gleiche Betrag.

4.7 Zur Geburtenentwicklung in Wiesbaden

Am 01. Janurar 1975 lebten in Wiesbaden etwa 56 000 Personen, die noch nicht 18 Jahre alt waren. Geht man von der Annahme aus, daß diese 56 000 Personen sich gleichmäßig auf die einzelnen Jahrgänge verteilen, so müßten in jedem Jahr etwa 3 100 Kinder geboren worden sein. Die tatsächliche Entwicklung bestätigt diese Vermutung nicht: statt dessen kommt der Geburtenrückgang der letzten Jahre deutlich zum Vorschein.

Läßt sich für den Zeitraum zwischen 1957 und 1965 noch ein kontinuierlicher Anstieg der Jahrgangsstärken feststellen (3 352 auf 3 666 Kinder), so setzt im Jahre 1966 ein Rückschlag ein, der sich in den Jahren 1968/69 und 1971/72 sprunghaft beschleunigt. Dieser Rückgang erreicht seinen vorläufigen Tiefpunkt im Jahre 1973: es wurden nur 1914 Kinder geboren. In den Jahren 1974 und 1975 stieg die Geburtenrate leicht an, so daß in Zukunft zumindest von gleichbleibenden Geburtenraten ausgegangen werden kann.

Insgesamt sinkt also im untersuchten Zeitraum die Jahrgangsstärke auf weniger als die Hälfte ab. Wenn man bedenkt, daß vor 1965 Ausländergeburten noch kaum ins Gewicht fielen, während sie danach einen ständig wachsenden Anteil der in Wiesbaden Geborenen ausmachen, dann kommt der gravierende Geburtenrückgang erst deutlich zur Geltung.

Die Ursachen dieser Entwicklung sind im wesentlichen folgende:
- Von 1965 bis 1973 haben die Eheschließungen von 2 347 auf 1 498 abgenommen. Diese Abnahme läßt sich auf Verschiebungen im Altersaufbau der ehefähigen Wohnbevölkerung zurückführen: ab etwa 1970 wachsen die geburtenschwachen Jahrgänge der letzten Kriegsjahre ins ehefähige Alter hinein. Andererseits ist seit 1965 die Quote der nichtehelichen Geburten annähernd gleich geblieben (im Durchschnitt 8,7 %), so daß die Zahl der Eheschließungen nach wie vor maßgebend ist für zu erwartende Geburtenraten.

- Immer mehr Ehepaare bleiben kinderlos oder begnügen sich
  mit einem Kind. Die Haushalts- und Familienstatistik des
  Bundes beziffert den Rückgang der durchschnittlichen Kinderzahl in Familien mit Kindern unter 6 Jahren mit einer
  Differenz von 1,36 im Jahre 1957 und 1,28 im Jahre 1973.
  In Wiesbaden betrug die durchschnittliche Zahl der Kinder unter 18 Jahren in Haushalten mit Kindern 1,72.
  Der Bundesdurchschnitt liegt mit 1,92 deutlich darüber.
  Dieser Unterschied ist jedoch leicht erklärbar durch
  das in städtischen und ländlichen Regionen verschiedene
  generative Verhalten.

- Das Land-Stadt-Gefälle schlägt sich auch innerhalb des
  Stadtgebiets in unterschiedlicher Geburtenhäufigkeit
  nieder. "In den ländlichen Vororten und den alten Ortskernen ist die Geburtenhäufigkeit höher als im Durchschnitt der Stadt. In den Neubaugebieten und den Siedlungen liegt sie unter dem Durchschnitt. Insgesamt gesehen ist die Spannweite (20,95 Geburten auf 1 000 Frau-
  en im statistischen Bezirk Gräselberg gegenüber 83,33 Geburten auf 1 000 Frauen im statistischen Bezirk Biebrich-
  Nordost) beträchtlich." 1)
  Verbindet man diese Fakten mit den ermittelten Indikatorenbereichen, so führt dies zu folgenden Schlüssen:

  a) Segregierte Bezirke zeichnen sich durch relativ hohe
     Geburtenhäufigkeit aus;
  b) das Gleiche gilt für Bezirke mit noch intakten nachbar-
     schaftlichen Subsystemen;
  c) In den Neubaugebieten des sozialen Wohnungsbaus nimmt
     die Geburtenrate extrem ab.
     Ein Zusammenhang zwischen Lebensqualität und genera-
     tivem Verhalten ist zu vermuten.

---

1) Bevölkerungsprognose, Wiesbaden, 1976, S. 29

- "Zusätzliches Material zeigt, daß in Städten vergleichbarer Größenordnung nur noch in Münster und Heidelberg die Zahl der Geburten auf 1 000 Frauen niedriger lag als in Wiesbaden. In den Diensleistungszentren scheint also der Geburtenrückgang stärker vorangeschritten zu sein." 1)

- Neben den nachweisbaren Einflüssen der räumlichen Siedlungs- und Lebensverhältnisse auf das generative Verhalten der Bevölkerung spielt die soziale Lage der verschiedenen Bevölkerungsgruppen eine wesentliche Rolle: traditionell läßt sich eine Konzentration hoher Kinderzahlen bei den Familien am oberen und am unteren Ende der sozialen Skala beobachten, während in den mittleren sozialen Schichten schon seit längerer Zeit eine Familienplanung betrieben wird, die auf geringere Kinderzahlen abzielt. Da diese Schichten für die Wiesbadener Sozialstruktur bestimmend sind, verstärken sie den allgemeinen Trend zu geringeren Kinderzahlen.

Untersucht man genauer den Einfluß sozialer Faktoren auf die Geburtenhäufigkeit, so ergibt sich eine deutliche Abhängigkeit zwischen der Höhe des Arbeiteranteils in den jeweiligen statistischen Bezirken und der Höhe des Anteils kinderreicher Familien: je höher der Arbeiteranteil, desto höher der Anteil kinderreicher Familien; damit einher geht ein überdurchschnittlich hoher Anteil einkommensschwacher Familien: in kinderreichen Familien kann das Haushaltseinkommen nur unter großen Schwierigkeiten durch Doppelerwerbstätigkeit erhöht werden.

Der Anteil der Arbeiterhaushalte an allen Haushalten mit Kindern steigt mit zunehmender Kinderzahl an: von 31 % bei einem über 32 % bei zweien auf 40 % bei drei und mehr Kindern.

---

1) Bevölkerungsprognose, a.a.O., S. 4

Noch deutlicher treten Arbeiterhaushalte bei allen Haushalten mit Kindern und zwei Erwerbstätigen in Erscheinung: ihr Anteil beträgt bei einem Kind 37 %, bei zwei Kindern 39 % und bei drei Kindern 46 %. In diesen Zahlen spiegelt sich der Tatbestand wider, daß Arbeiterfamilien mit mehreren Kindern häufiger als andere soziale Schichten gezwungen sind, ihre materielle Reproduktion durch Erwerbstätigkeit beider Ehepartner zu sichern.

In allen Bezirken mit hohem Ausländeranteil läßt sich ein wachsender Anteil ausländischer Kinder in den einzelnen Jahrgängen feststellen. Vor allem in der Innenstadt - in den Bezirken Mitte, Westend und südliche Innenstadt, aber auch in den alten Ortskernen von Kostheim, Kastel, Amöneburg und Biebrich hat die ständige Zunahme ausländischer Kinder ein noch stärkeres Absinken der Jahrgangszahlen deutlich gemildert, mitunter sogar ausgeglichen.
In den Stadtteilen mit sehr hoher Ausländerquote ist der Anteil ausländischer Kinder auch bei stagnierender Ausländerquote weiter angestiegen. Dies ist erklärbar aus der nachwirkenden Verhaltsnorientierung besonders der Türken und Griechen an den vertrauten sozialen Strukturen von Großfamilien, Nachbarschafts- und Dorfverbänden, die sich nur in Wohngebieten mit einer relativ hohen Konzentration von Landsleuten wenigstens teilweise erhalten lassen. Durch Vervollständigung der Familie um die Großeltern-Generation können die gewohnten Praktiken der Kindererziehung mit der Berufstätigkeit beider Elternteile vereinbart werden. Vor dem Hintergrund dieser informellen Selbstversorgungs-Infrastruktur ist der relativ niedrige Anteil ausländischer Kinder in Kindergärten zu erklären: er liegt um 5+ % unter dem Anteil der deutschen Kinder.

Für die nächsten Jahre ist allerdings eine Steigerung zu erwarten, weil immer längere Verweilzeiten bei vielen Ausländern, die inzwischen in Deutschland Familien gegründet haben, zu einer Umorientierung führen, obwohl seit geraumer Zeit die Familienzusammenführung durch verschärfte Anwendung der Ausländergesetze erschwert wird.

Ein Vergleich der Jahrgangsstärken für die Jahre 1973 und 1974 zeigt, daß die ausländischen Kinder, die schon jetzt im Kindergartenalter sind oder es demnächst erreichen werden, fast alle in Wiesbaden geboren sind. Es läßt sich für die nächsten 10 Jahre eine wachsende Belastung der sozialen Infrastruktur durch ausländische Kinder und Jugendliche vorhersagen, die noch in dem Maße zunehmen wird, wie die derzeitige Unterrepräsentierung ausländischer Kinder in öffentlichen Versorgungseinrichtungen verschwindet.

Die geographische Verteilung von Strukturmerkmalen der Bevölkerung ist unter zwei Gesichtspunkten, die eng miteinander zusammenhängen, abhängig vom Wohungsangebot:

- Wohnungsgröße und Ausstattung;
- Mietpreis und Wohnqualität.

Diese Abhängigkeit stellt sich durchaus unterschiedlich dar und kann durch verschiedene gegenläufige Einflüsse gelockert werden: die hohen - wenn auch tendenziell zurückgehenden Anteile von Kindern und Jugendlichen in allen Siedlungsgebieten des sozialen Wohnungsbaus sind das Resultat eines durch Bautätigkeit eingeleiteten Binnenwanderungsprozesses. In diesen Gebieten ist zwar die Wohnsituation der Kinder recht günstig, wenn man sie nur auf die Ausstattung der Wohnung bezieht (Bad, WC, Heizung), andererseits weisen dieselben Gebiete relativ hohe Belegungsdichten innerhalb der Wohnung und gravierende Versorgungslücken innerhalb der sozialen Infrastruktur auf. Beides wirkt sich anscheinend auf die Geburtenrate negativ aus. Infolge des niedrigen Durchschnittsalters der Bevölkerung und der geringen Wanderungsdynamik sind die Neubaugebiete des sozialen Wohnungsbaus auf längere Zeit für nachwachsende junge Familien blockiert und bilden ein Reservoir, aus dem voraussichtlich in 10 bis 15 Jahren vorwiegend junge Menschen in andere Teile der Stadt abwandern werden.

Die östlichen Vorortgemeinden - ebenso Frauenstein, Kastel

und Kostheim - sind gekennzeichnet durch einen überdurchschnittlich hohen Anteil von Eigenheimen und Einfamilienhäusern und zeichnen sich durch hohe Kinderzahlen und eine starke Konzentration von Großfamilien und kinderreichen Familien aus. Einfamilienhäuser ermöglichen ein Zusammenwohnen mehrerer Generationen unter relativ günstigen Bedingungen. Eine nennenswerte Abwanderung junger Familien aus diesen Gebieten ist folglich kaum zu erwarten.

Wegen der schlechten Umweltsituation und des Mangels an Freiflächen ist die Innenstadt gerade von jungen Familien mit Kindern verlassen worden. Der damit verbundene Rückgang der Kinderzahlen ist bisher durch den Zustrom ausländischer Familien kompensiert worden. Die Verwirklichung von Schlüsselprojekten des Innenstadtprogramms (z. B. Adolfsallee) in Verbindung mit Maßnahmen, die Wohnfunktion dauerhaft zu garantieren, könnte durchaus eine Rückwanderung von jungen deutschen Familien aus den Stadtrandsiedlungen beschleunigen und verstärken, weil damit das Angebot an erschwinglichen Altbauwohnungen anwachsen wird. Die Größe dieser Wohnungen und die durchgängig kleiner werdenden Haushalte ermöglichen schon heute eine Belegungsdichte, die unter der in den Neubausiedlungen liegt.

4.8 Investitionsnotwendigkeiten

Im Rahmen der Darstellung zu den Investitionsnotwendigkeiten wurden, bezogen auf 1980, die einzelnen Bedarfssituationen zahlenmäßig festgehalten und auf die Planungsregionen umgelegt. (siehe Karte Seite 102)

Auf eine gesonderte Ausweisung des Krippenbedarfes wurde verzichtet, da durch die vorhandenen 225 Krippenplätze in Wiesbaden eine Bedarfsdeckung nach den Richtzahlen erreicht ist. Die Aufteilung des Krippenbedarfes auf einzelne Regionen ist nicht möglich, da das geringe Angebot und die Notwendigkeit, sinnvolle organisatorische Einheiten herzustellen, eine Regionalisierung verhindert.

Der Kindergarten- und Hortbedarf ist auf der Seite 120 für die Jahre 1976 - 1980 festgehalten. Es zeichnet sich ab, d
a) Kindergartenbedarf in bestimmten Gebieten noch existiert, wobei diese Gebiete in der Regel nicht im sozialen Wohnungsbau bebaut worden sind;
b) Hortbedarf durchgängig in allen Planungsregionen festzustellen ist, wobei der Bedarfserrechnung nur 3 1/2 Jahrgänge zugrunde liegen. Sollten zusätzliche Jahrgänge betreut werden, ist von einer entsprechenden Steigerung des Bedarfs auszugehen.

Die 5-jährigen werden in voller Jahrgangsstärke in die Bedarfsrechnung aufgenommen (siehe dazu Kapitel 5).

Dem vorhandenen Kindergartenbedarf in den Gebieten 06 (West) und 52 (Kastel) wird durch die beschlossenen und noch durchzuführenden Errichtungen der Kindertagesstätten Wallufer Straße und Kastel entsprochen. Durch den Bau der Kindertagesstätte Kastel wird der Bedarf in der Region 53 (Kostheim) in erheblichem Maße gesenkt werden. Investionen sind dann in den Bereichen 01, 02 und 03 langfristig ins Auge zu fassen.

Eine Bedarfsdeckung im Hortbereich ist letztlich nur durch durchgängige Investionen oder Investitionshilfen in den

einzelnen Regionen möglich. Hierbei ist zu beachten, daß,
wenn man den ausgewiesenen Hortbedarf zugrunde legt, neue
Formen für Horteinrichtungen entwickelt werden müssen.
Eine der möglichen ist das Hortzentrum. Es nimmt eine
Zwischenstellung zwischen Kindertagesstätte und Jugendzentrum ein, wobei das Raumprogramm eher dem eines Jugendzentrums gleichen wird.

Überkapazitäten in einzelnen Stadtgebieten - verursacht
durch Investitionsmaßnahmen in der Vergangenheit - lassen
sich allenfalls numerisch aufrechnen gegen Versorgungslücken in anderen Stadtgebieten, begründen jedoch keinen
faktischen Ausgleich. Dadurch würde auf Eltern und Kinder
ein Zwang zur lokalen Mobilität ausgeübt, dem sie nur in
Ausnahmefällen nachkommen können.

Den ermittelten Bedarfszahlen liegen die tatsächlichen
Jahrgangsstärken zugrunde. Prozesse lokaler und regionaler
Mobilität konnten nicht in die Rechnung einbezogen werden,
obwohl sie ihre Ergebnisse - mitunter erheblich - beeinflussen.

Aus einem rechnerisch vorhandenen, objektiven Bedarf kann
nicht durchgängig auf eine gleich starke, subjektive Nach-
frage geschlossen werden. Diese bleibt besonders dann hinter den ermittelten Werten zurück, wenn es sich um Planungsregionen mit einem hohen Anteil ausländischer Arbeitneh-
mer aus den Agrarregionen Südosteuropas und Kleinasiens
handelt. Wenn auch diese Gruppen öffentlicher Erziehungshilfen durchaus bedürfen, so neigen sie dennoch kaum dazu,
Erziehungsaufgaben an öffentliche Institutionen zu delegieren.

Investitionsnotwendigkeiten

Planungsregion	Kindergartenplätze Bedarf		Kindergartenplätze Oberhang		Hortplätze Bedarf		Hortplätze Oberh.
	1976	1980	1976	1980	1976	1980	1980
o1 - Mitte	517	582	-	-	259	229	-
o2 - Nord	271	198	-	-	133	86	-
o3 - Ost	111	82	-	-	79	63	-
o4 - Süd-Ost	-	-	54	92	3o	-	9
o5 - Süd-West	-	-	234	33o	92	33	-
o6 - West	28o	296	-	-	179	99	-
o7 - Klarenthal	-	-	58	134	121	39	-
11 - Sonnenberg	19	-	-	31	56	39	-
12 - Bierstadt	1o	-	-	63	1o2	52	-
13 - Erbenheim	53	-	-	61	94	69	-
14 - Biebrich	-	-	5o	55	54	27	-
15 - Biebrich	186	113	-	-	164	1o5	-
16 - Dotzheim	192	46	-	-	261	145	-
21 - Rambach	14	4	-	-	33	2o	-
22 - Heßloch	-	-	15	8	7	5	-
23 - Kloppenheim	-	-	1	5	17	11	-
24 - Igstadt	4o	-	-	6	22	24	-
25 - Schierstein	53	-	-	94	146	79	-
26 - Frauenstein	3o	6	-	-	29	18	-
51 - Amöneburg	-	-	55	61	25	11	-
52 - Kastel	1o6	91	-	-	1o4	86	-
53 - Kostheim	161	69	-	-	159	122	-

Bestandsaufnahme der Kindertagesstätten in Wiesbaden

Karte 1
Städtische Kindertagesstätten in Wiesbaden
Stand 01.04.76

Karte 2
Evangelische Kindertagesstätten in Wiesbaden
Stand 01.04.76

Karte 3
Katholische Kindertagesstätten in Wiesbaden
Stand 01.04.76

Karte 4
Kindertagesstätten der Arbeiterwohlfahrt in Wiesbaden
Stand 01.04.76

Karte 5
Kindertagesstätten der eingetragenen Vereine in Wiesbaden
Stand 01.04.76

Städtische Kindertagesstätten in Wiesbaden

KARTE 1

KARTIERUNG DER STATISTISCHEN BEZIRKE NACH DEN SOZIALEN INDIKATOREN

INDIKATORENBEREICH I
■ BEZIRKE MIT ÜBERDURCHSCHNITTLICHER ADMINISTRATIVER INTERVENTION UND SEGREGATION

INDIKATORENBEREICH II
▌▌▌ BEZIRKE MIT ÜBERDURCHSCHNITTLICHER ADMINISTRATIVER INTERVENTION - NICHT SEGREGIERT

INDIKATORENBEREICH III
▦ BEZIRKE OHNE BESONDERE ADMINISTRATIVE INTERVENTION, MIT SEGREGATION

INDIKATORENBEREICH IV
☐ BEZIRKE MIT UNTERDURCHSCHNITTLICHER ADMINISTRATIVER INTERVENTION, NICHT SEGREGIERT

// SOZIALER ÄQUATOR

STAND: APRIL 1976

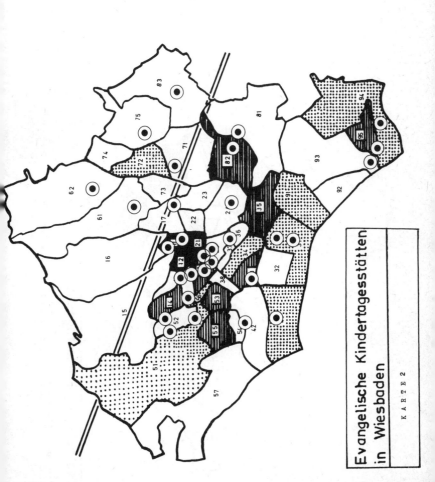

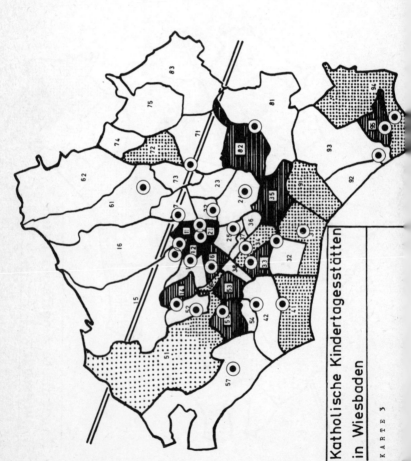

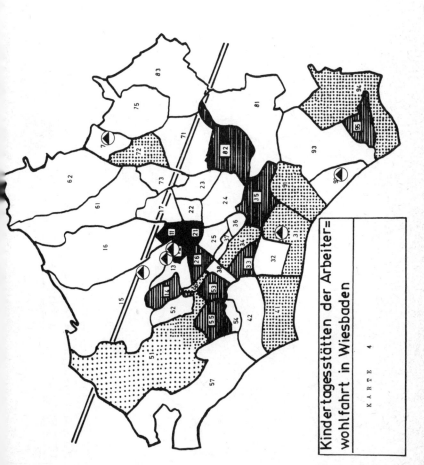

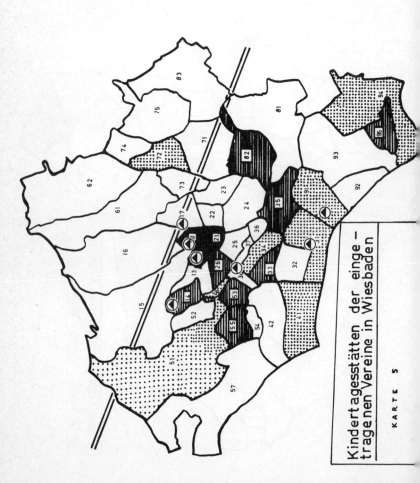

5. Zuordnung der 5-jährigen zur Schule oder zum Kindergarten

5.1 Rahmen der politischen Empfehlung

Die Hessische Landesregierung sagt im Landesentwicklungsplan - kurz "Hessen 80" genannt - zur Einschulung der 5jährigen: "Die schrittweise Einführung der Eingangsstufe soll ab 1976 berücksichtigt werden und bis 1985 für alle Schüler verbindlich sein. Die Festsetzung des Schuleintrittsalters auf die Vollendung des 5. Lebensjahres entspricht sowohl der Empfehlung des Bildungsrates in seinem Strukturplan über das Bildungswesen als auch den Vorstellungen der Bundesregierung in ihrem Bericht zur Bildungspolitik. Das bedeutet, daß der Elementarbereich, der die Kindergärten umfaßt, auf die Altersstufen 3 und 4 beschränkt wird." 1)

Die Hessische Landesregierung übernahm die Vorstellungen zur Einschulung der 5jährigen auf dem Hintergrund der damals geführten bildungspolitischen Diskussion. Die Entscheidung wäre sicher schon längst gefallen, hätte sie sich vor 10 Jahren gestellt. Heute wird dieses Thema von den verschiedensten Fachrichtungen problematisiert, wobei die genannte Fragestellung durchaus kontrovers diskutiert wird.

Die für Hessen anvisierten Zielprojektionen berufen sich vorrangig auf zwei Vorlagen: auf die Empfehlung des Bildungsrates in seinem Strukturplan und auf den Bericht der Bundesregierung zur Bildungspolitik.

Entgegen der eindeutigen politischen Aussage in "Hessen 8o" äußert der Bildungsrat trotz seines grundsätzlich positiven Votums Bedenken. "Um der Gefahr vorzubeugen, daß die Grundschule in ihrer gegenwärtigen Form lediglich nach unten ausgedehnt wird, muß die Einführung des früheren Einschulungsalters die Veränderung der Stufung, Inhalte und Lehrverfahren im Primarbereich vorausgehen." 2)

---

1) Großer Hessenplan, Wiesbaden, 1970, S. 55
2) Strukturplan für das Bildungswesen, Deutscher Bildungsrat, 1970

Diese Aussage zielt auf den Vorbehalt gegenüber der traditionellen Grundschule. Deutlich gemacht werden soll, daß die allgemeine Früheinschulung die Veränderung der Grundschule bedingt und nicht umgekehrt. Dieser Ansatz wird aufrechterhalten und wird im Bericht der Bildungskommission des Deutschen Bildungsrates 1975 detailliert begründet: "Nach keiner anderen Klasse der Grundschule ist die Zahl der 'Sitzenbleiber' größer als nach der ersten Klasse. Der Bundesdurchschnitt lag im Schuljahr 1971/72 bei etwa 4,5 %, d. h., daß im Durchschnitt etwa jedes 22. Kind am Ende der 1. Klasse nicht versetzt wurde. Errechnet man den Anteil der Nichtversetzungen der 1. Klasse von der Gesamtzahl der Nichtversetzungen in den neun Pflichtschuljahren, so ergibt sich, daß rund ein Drittel aller Nichtversetzungen bereits nach der 1. Klasse ausgesprochen werden. Nimmt man den Anteil der Nichtversetzten der 2. Klasse dazu, so wird die volle Schärfe des Überganges aus dem familiären Bereich und dem Elementarbereich in den Primarbereich deutlich. Etwa die Hälfte aller 'Sitzenbleiber' der neun Pflichtschuljahre war bereits in den ersten beiden Klassen gescheitert. Daraus ergibt sich die Notwendigkeit einer grundlegenden Reform im Bereich des Übergangs vom Elementar- zum Primarbereich." 1)

Es werden aus diesen Überlegungen Forderungen zu stellen sein, die als unabdingbare Voraussetzungen der Bildungspflicht für 5jährige zu gelten haben:

- die Übergangsprobleme dürfen nicht altersmäßig vorverlagert werden, sondern müssen von einer reformierten Grundschule aufgefangen werden;
- im Primarbereich muß auf standardisierte Leistungsmessung verzichtet werden zugunsten einer individuellen Leistungsförderung und Beurteilung;

---

1) Bildungskommission des Deutschen Bildungsrates: Bericht '75 Bonn 1975, S. 48 f.

- durch die Einbeziehung situationsbezogenen Lernens ist
  die Überwindung eines festschreibenden 'Lehrplanes'
  sicherzustellen;
- offene Organisationsformen des Lernens (Zufallsgruppe/Klasse)
  sind zu wählen im Rahmen einer Großgruppe;
- Öffnung der Schule mit dem Ziel, die Kommunikation zwischen
  Lehrer und Schüler, um andere Personen zu erweitern.
- Einbeziehung der kindlichen Lebenswelt;
- Verankerung des Bildungsangebotes in das Gemeinwesen, was
  gleichbedeutend ist mit einer Verkleinerung der Einzugsbereiche der Grundschulen;
- Übernahme der Erkenntnisse der Kleingruppenforschung, d. h.,
  maximale Gruppengröße 20, was der vorhandenen Gruppengröße
  in Wiesbadener Kindertagesstätten entspricht;
- Veränderung der Erzieher-Kind-Relation in Richtung der Verhältnisse in Kindertagesstätten.

Anzustreben ist die Einführung der Ganztagsschule. Ohne
sie wird ein Teil der 5jährigen zu Bildungspendlern, wie
es heute bereits viele Grundschüler sind, die nach der
kurzen Vormittagsschule in den Hort gehen müssen.

Neben den Forderungen an die Grundschule sollte die Diskussion um die Einschulung der 5jährigen auch die Veränderungen
im Kindergartenbereich aufnehmen. Die Situation hat sich verändert. "Entscheidungen über die Zuordnung der 5jährigen dürfen nicht auf der Basis von Festlegungen erfolgen, die zu
einem bestimmten, historisch ... zurückliegenden Zeitpunkt
getroffen wurden und die primär externe Interessenlagen und
ressortpolitische Gesichtspunkte zur Grundlage haben, sondern
sie müssen sich gegenüber den in den letzten Jahren erfolgten Entwicklungen im Kindergartenbereich legitimieren; dies
erfordert die kritische und eingehende Analyse dieser Resul-

tate und Entwicklungen, eine Auseinandersetzung, die sich
mit den in diesem Zusammenhang zutage geförderten Ergebnissen wirklich einlassen muß." 1)

5.2 Veränderungen im Kindergartenbereich

In den vergangenen Jahren wurde - in erster Linie von den
Kommunen - eine intensive Investitionspolitik im Kindergartenbereich betrieben, die zu einer erheblich verbesserten
Versorgung geführt hat.

- Das Platzangebot, das vor etwa 6 Jahren nur für ca. 30 %
  der Drei- bis Sechsjährigen ausreichte, ist so ausgebaut
  worden, daß in Wiesbaden ca. 70 % der Vorschulkinder in
  den Einrichtungen betreut werden können.
- Eine Besetzung der Stellen in den Einrichtungen mit qualifizierten Erzieherinnen konnte vorgenommen werden, so
  daß für mehr Kinder auch mehr Erzieherinnen zur Verfügung
  stehen. Diese Entwicklung ist durch die zurückgezogene
  Verabschiedung des Hessischen Kindergartengesetzes jedoch gefährdet.
- Durch die Umstellung der städtischen Zuschüsse auf Förderung nach Gruppenräumen konnte auch bei den freien Trägern
  erreicht werden, daß die Gruppenstärken kleiner wurden
  und die Kinder mehr Platz bekamen.
- Die variable Zeiteinteilung bringt für die Kinder bedürfnisgerechte Einteilungen der Tagesabläufe. Alle von der
  Stadt getragenen Kindertagesstätten sind Ganztagseinrichtungen und bieten den Kindern mittags ein warmes Essen an.
- In Wiesbaden werden nur Gruppen gefördert, in denen nicht
  mehr als 20 Kinder sind.

---

1) Hornstein, W., Thesen zur Problematik bildungspolitischer
   Entscheidungsprozesse im Blick auf den Kindergarten, München, 1975 - Beitrag zum Expertenhearing der Arbeitsgemeinschaft für Jugendhilfe

Damit ist schon jetzt eine Gruppenstärke erreicht, die man nach den Vorstellungen im Landesentwicklungsplan erst in den 80er Jahren erreichen wollte.

- Die pädagogischen Konzeptionen im Rahmen eines ganzheitlich-orientierten, situationsbezogenen Erziehungsprozesses in altersgemischten Gruppen werden mit unterschiedlicher Intensität ausgebaut. Hier liegen noch wesentliche Möglichkeiten zur Verbesserung der Spiel- und Lernmöglichkeiten in den Kindertagesstätten, nachdem die baulichen Kapazitäten weitgehend geschaffen sind.
- Dazu gehört auch die Beteiligung an bundesweit organisierten Modellversuchen, die als einzige pädagogische Maßnahme auf einer solchen umfassenden Basis aufbauen.
- Die Einbeziehung der Eltern in die Arbeit der Kindertagesstätten, ihre Beteiligung als Elternbeiräte, ihre Beratung durch die Erzieherinnen werden die Kindertagesstätten auf die Dauer zu festen Kommunikationspunkten im jeweiligen Wohngebiet machen. Die städtischen Einrichtungen fördern die Elternbeteiligung und es ist zu erwarten, daß auch in den Einrichtungen der freien Träger die Elternarbeit noch weiter ausgebaut wird.

5.3 Konsequenzen der Einschulung für 5jährige

"Der Kindergarten wird, wenn die 5jährigen aus seiner bisher altersgemischten Erziehungs-, Bildungs- und Betreuungsgemeinschaft herausgetrennt werden, des Hauptfaktors seines interpersonalen Beziehungsgeflechtes beraubt und damit zu einer sozialpädagogischen Kümmerform reduziert." 1)

Da diese Entwicklung wahrscheinlich von niemandem gewünscht wird, ist in die Überlegungen zur Reform des Bildungswesens

---

1) Sollen die Fünfjährigen in die Schule oder in den Kindergarten?, in: Arbeitsgemeinschaft für Jugendhilfe, August 1975, S. 48

der Kindergartenbereich mit seinen Charakteristika verstärkt einzubeziehen. Die Schwerpunktsetzung in den letzten Jahren und die besondere Entstehungsgeschichte des Kindergartens können dann zu entscheidenden Folgerungen für die Organisation des Bildungswesens führen.

Die Schule, die bisher nicht die besondere Problematik grosser Einzugsbereiche berücksichtigt, könnte bei einer Orientierung innerhalb des Elementar- und Primarbereiches an den Einzugsbereichen der Kindertagesstätten die notwendige Verankerung im Gemeinwesen, Stadtbezirk, herstellen. Die Obernahme der 5jährigen in die jetzige Organisationsstruktur würde daher zu einer Verringerung des Platzbedarfes im jetzigen Einzugsbereich führen und größere Einzugsbereiche notwendig machen, da sonst die Kapazitäten nicht auszulasten wären.

Außerdem würde die Obergangsproblematik vom Kindergarten in die Schule vorverlagert. Wenn die reformierte Grundschule nicht in der Lage ist, die Obergangsproblematik individuell aufzufangen, wird sich diese besonders drastisch an Kindern der Unterschicht auswirken.

Es wird deutlich, daß eine einfache Obernahme der 5jährigen in den Bereich der Schule auch diese Altersgruppe von der Eigengesetzlichkeit des Organisationssystems Schule erfaßt würde. Die in der Schulpädagogik beklagte Tatsache des Lebensweltfernen Lernens würde dann auch in ihrer Abstraktheit auf diese Altersgruppe wirken.

Entscheidungen im Bildungsbereich sind sehr eng mit sozialen und gesellschaftlichen Lebensbedingungen verflochten. Diese Entscheidungen haben immer einen sozialfördernden oder hemmenden bzw. zerstörenden Charakter und sind daher von wesentlichem Einfluß auf die soziale Organisation der Bevölkerung insgesamt.

5.4 Darstellung der Untersuchungsergebnisse von Frühschulversuchen

Die wissenschaftliche Begleitung derartiger Versuche ist offensichtlich bisher nur unvollkommen gelungen, ja man könnte sogar annehmen, daß sie gar nicht erwünscht ist.
So antwortete der Hessische Oberschulrat Kroj auf die Frage: "Fünfjährige noch im Kindergarten, Fünfjährige schon in der Eingangsstufe: Ist das überhaupt durch Modellversuche abtestbar? Überhaupt nicht, das ist eine politische Frage, und die Schulpolitiker sollten sich nicht hinter die Wissenschaftler verkriechen und glauben, die Wissenschaftler könnten ihnen eine Frage beantworten, die sie selbst entscheiden müssen." 1)

Trotz dieser Aussage muß von Pädagogen gefordert werden, daß so weitreichende Entscheidungen durch intensive wissenschaftliche Untersuchung und Begleitung abgesichert werden. Die Tatsache, daß die eingeleiteten Untersuchungen nichts über die Verwirklichung der politischen Intentionen aussagen, kann nur dazu dienen festzustellen, daß die Untersuchungsinstrumente den Untersuchungszielen nicht entsprachen.

Im weiteren Verlauf soll aus drei Untersuchungen von Früheinschulversuchen berichtet werden: über Vorschulversuche in Rheinland-Pfalz, Hessen und aus einem Bericht der Bund-Länder-Kommission für Bildungsplanung.

5.41 Zusammenfassung der Ergebnisse von Vorschulversuchen in Rheinland-Pfalz

Die prognostizierte Sitzenbleiberquote sank von 24 % auf 3 %. Die Zahl der Kinder mit durchschnittlichen und überdurchschnittlichen Schulerwartungen stieg von 45 % auf 88 %.

Ergebnisse zu Einzelfragen:
- die sonst beim Schuleintritt häufig beobachtete Abnahme des Körpergewichtes blieb aus;
- besonders günstig entwickelte sich die Arbeitshaltung, ähnlich gut auch das Sozialverhalten;
- die Aussagen der Lehrkräfte über das Gedächtnis der Kinder blieben die gleichen;
- in einer auf sieben Merkmalen beruhenden allgemeinen Persönlichkeitsbewertung hatten Mädchen von Anfang an einen Vorsprung, den sie während des Versuchsjahres behaupteten.

Ausgleich milieubedingter Benachteiligungen:

Eine Gegenüberstellung der Entwicklungsverläufe bei Kindern aus unterprivilegierten Schichten gegenüber denen der mittleren und der oberen Schicht war nicht möglich, weil die dafür benötigten Daten nicht vollständig vorlagen.
... in jeder Klasse habe sich zu Beginn eine Spitzengruppe und eine Außenseitergruppe gebildet, die sich aber im Verlauf des Jahres zunehmend verkleinert hätten; dies sei einer der Erfolge des Versuchs. Allerdings blieben die Spitzenschüler bis zum Ende des Jahres an der Spitze ...
Andererseits stellte sich z. B. in einer Gruppe heraus, daß die Kinder eines Arbeiters, eines Konditors, eines Emaillierers, eines Schreiners und eines Postbeamten, die anfangs im Mittelfeld lagen, schließlich am Schluß der Rangstufe standen.

Eine Untersuchung von W. Ferdinand (Wie konstant ist der durch Vorklassenbesuch verbesserte IQ bei Kindern aus den sozialen Grundschichten (Neue deutsche Schule 1971, Nr. 13/14, S. 33) über die Betreuung von Kindern der Unterschicht in Düsseldorfer Vorklassen zeigt, daß hinsichtlich der Dauerhaftigkeit der zunächst erzielten IQ-Steigerungen das Ergebnis nicht sehr erfreulich war.
Die Untersuchung schließt mit der Erklärung, ohne eine bereits erheblich vor Erreichung des Vorklassenalters beginnende qualifizierte pädagogische Betreuung und ohne Reduzierung der Gruppenstärke bleibe kompensatorische Erziehung weit hinter dem unerläßlich Notwendigen zurück. 1)

5.42 Vorschulversuche in Hessen

"Im Schuljahr 1968/69 begann Hessen als erstes Land der Bundesrepublik seine 'Schulversuche mit der Früheinschulung Fünfjähriger' an sieben Schulen. Diese Versuche wurden in jedem folgenden Schuljahr erweitert. Sie sind konsequent auf die zweijährige Eingangsstufe abgestellt, die als Einheit angesehen wird und in beiden Jahren die Kooperation von Sozialpädagogen und Lehrern vorsieht." 2)

"Nach der Eingangsstufe führt die Lehrerin (der Lehrer) die Kinder allein weiter in die Grundstufe. Der Großgruppe (= "Klasse") werden so viele Lehrerwochenstunden zur Verfügung gestellt, wie Kinder in der Großgruppe sind (etwa vierzig)." 3)

---

1) Vorschulversuche in Rheinland-Pfalz. Report über das erste Versuchsjahr für Fünfjährige an Grundschulen 1969/70. zitiert nach: Deutscher Bundestag, Wissenschaftliche Dienste, Materialien: Vorschulische Erziehung, Bonn, 1971, S. 170 - 176
2) Hessischer Kultusminister, Die Konzeption der hessischen Eingangsstufe, Wiesbaden, 01.10.1976, S. 1
3) Hessischer Kultusminister, a.a.O., S. 1

Das Kultusministerium schreibt zur differenzierten Grundschule: "In Ausnahmefällen kann die Eingangsstufe auch länger als zwei Jahre besucht werden. Extrem schnell lernende Kinder können in der nächsthöheren Jahrgangsklasse mitarbeiten. Damit sind individuelle Durchlaufzeiten für die in der Regel fünfjährige Grundschule gewährleistet." 1)

"Das Deutsche Institut für Internationale Pädagogische Forschung hat vom Versuchsbeginn an die wissenschaftliche Begleitung übernommen. Ein erster Bericht ist im April 1971 in einem Sonderheft der dort herausgegebenen "Mitteilungen und Nachrichten" erschienen." 2)

"Die Berichte über die einzelnen Aspekte und Ergebnisse der vom DIPF unternommenen Begleituntersuchung dürfen nicht mit der Einstellung gelesen werden, daß sie die Frage beantworten könnten, ob der Versuch mit der Früheinschulung ein Erfolg war, ob die Einschulung Fünfjähriger eine gute Sache ist. Die Beantwortung dieser globalen Frage erfordert die Beachtung vieler Aspekte und setzt voraus, daß wesentlich mehr Auswirkungen der Früheinschulung untersucht werden, als es bei dieser Begleituntersuchung möglich war." 3)

Das DIPF schreibt zur Auswahl der Modellschulen:

- ..., daß die soziale Zusammensetzung der Versuchseltern in nahezu allen Orten eine Überrepräsentation der Beamten und Angestellten, zum Teil auch der Selbständigen, sowie eine deutliche Unterrepräsentation der Arbeiter zeigt - verglichen mit der amtlichen Statistik.
- ..., die Abweichung der Versuchsgruppenelternstruktur von einer repräsentativen Verteilung sei in erster Linie die Folge der vom hessischen Kultusministerium getroffenen Auswahl der Versuchsschulen.

---

1) Hessischer Kultusminister, a.a.O., S. 1 und 2
2) Hessischer Kultusminister, a.a.O., S. 6
3) DIPF: Der hessische Schulversuch zur Früheinschulung, Frankfurt/Main, 1971

- ..., daß für Schulen in sozial gehobenen Schulbezirken eine größere Wahrscheinlichkeit bestehen dürfte, für einen solchen Schulversuch ausgewählt zu werden, weil bei der Auswahl der Schulen in erster Linie eine erfolgreiche Durchführung des Versuchs gewährleistet sein mußte. 1)

Zu den Ergebnissen schreibt das DIPF

Intelligenztest:
- Die Leistung der Kinder in der Eingangsstufe ist hochsignifikant besser als die Leistung der Kinder im ersten Schuljahr.
- Die Kinder aus Mittel- und Oberschicht zeigen insgesamt eine hochsignifikant bessere Intelligenzleistung als die Kinder aus Unterschichten.
- Es gibt hochsignifikante Unterschiede zwischen den einzelnen Leistungen der Kinder in den einzelnen Orten, und zwar unabhängig vom Sozialstatus und der Art der Beschulung.

Rechtschreibetest:
- Die Leistungen der Kinder in der Eingangsstufe unterscheiden sich insgesamt nicht signifikant von den Leistungen der Kinder in den ersten Klassen.
- Die Kinder aus Mittel- und Oberschichten haben eine signifikant bessere Rechtschreibeleistung als die Kinder aus Unterschichten.

Rechentest:
Zwischen Versuchs- und Kontrollgruppen konnten hier insgesamt keine signifikanten Unterschiede nachgewiesen werden.
- Kinder aus den verschiedenen Schichten unterscheiden sich in ihren Rechenleistungen nicht signifikant.

Lesetest:
- Die Kinder aus Eingangsstufen und 1. Klassen unterscheiden sich in ihren Leseleistungen nicht signifikant.
- Auch die Unterschiede zwischen den sozialen Schichten sind nicht signifikant.
- Es gibt hochsignifikante Unterschiede in der Leseleistung zwischen den einzelnen Orten.

---

1) DIPF, a.a.O.

Konzentrationstest:

- Hier war nur der Unterschied zwischen den Leistungen der Kinder aus den verschiedenen Orten signifikant.

Motorik:

Früh eingeschulte Kinder befanden sich auf dem gleichen motorischen Entwicklungsniveau wie normal eingeschulte Kinder.

..., daß die Kinder der sozialen Oberschicht über einen höheren motorischen Entwicklungswert verfügten als die Kinder der sozialen Unterschicht.

5.43 Thesen aus dem Bericht der Bund-Länder-Kommission (BLK) für Bildungsplanung

Die folgenden Thesen stellen keine wörtlichen Wiedergaben von Textstellen des BLK-Berichtes und auch keine Interpretationen, sondern zusammengefaßte inhaltliche Aussagen dar.

- Eine einheitliche organisatorische Zuordnung der Fünfjährigen erscheint sachlich nicht begründet.
- Eine verbesserte pädagogische Förderung ist sowohl im Elementar- als auch im Primarbereich möglich.
- Ein umfassender Ausgleich sozio-kultureller Benachteiligung ist bei keinem Versuch einsichtig nachweisbar.
- In absehbarer Zeit stehen für alle Fünfjährigen im Kindergarten Möglichkeiten der vorschulischen Betreuung - ganztags - bereit.
- Gleitende Übergänge zu Formen schulischen Lernens sind Voraussetzung für die Einschulung der Fünfjährigen. Dazu ist die Reform der Primarstufe unumgänglich.

- Die Vorbereitung des gleitenden Übergangs besteht
  im Kindergarten in der Form des spielenden Lernens;
  sie wird erprobt und vielerorts bereits angewendet.
- Die Arbeit in Vorklassen vollzieht sich im Gegensatz
  zum Kindergarten stundenweise und nur vormittags.
  Wenn eine Nachmittagsbetreuung erforderlich ist,
  muß auf andere Institutionen (Kindergarten, Hort)
  zurückgegriffen werden.
- In den Vorklassen überwiegt aufgabenbezogenes Lernen
  in Form von strukturierten Lernsequenzen
  = Einführung in die Kulturtechniken
  = systematische Orientierung an den Stundenplan der
    Grundschule
- Raumbedarf, Erstausstattung und Sachkosten sind in
  beiden Bereichen etwa gleich groß.
- Eine Vor- und Nachmittagsbetreuung im Elementarbereich - die als Regelfall anzusehen ist - kommt zu
  annähernd den gleichen Personalkosten pro Platz wie
  im Primarbereich, dessen Unterrichtsangebot sich nur
  auf den Vormittag beschränkt.
- Bei den Versuchen konnte kein auffallender Unterschied
  in den formulierten Erziehungszielen der Eingangsstufen
  und Kindergärten festgestellt werden.
- Während im Kindergarten ein situationsbezogenes Lernen
  dominiert, gewinnt in der Eingangsstufe ein an Lernbereichen orientiertes Lernen an Bedeutung:
  In der Eingangsstufe 2 (E 2) sind zunehmend geschlossene Formen curricularer Einheiten feststellbar.
  Neue Anforderungen im motorischen Bereich (verstärkte
  Bewegungskontrolle, Bewegungseinschränkung) müssen bewältigt werden.
  Neue Anforderungen im sozialen Bereich (neue und grössere Gruppen; Wechsel der Bezugspersonen) kommen auf
  die Kinder zu.
  Neue Anforderungen im kognitiven Bereich (verstärkt
  Lehrgänge und Fachsprache, weniger situationsbezogene
  Inhalte), mehr fremdbestimmte Aktivitätsformen (we-

niger Gelegenheit zum freien Spielen und Arbeiten) und geringere emotionale Zuwendung (weniger Päagogenstunden bei größeren Gruppenfrequenzen) erschweren das Einleben in die Schule.
Dies wird begleitet durch neue, oft überhöhte Erwartungen der Eltern.
Längere und teilweise verkehrsgefährdetere Wege für manche Kinder und eine Vermehrung des täglichen Institutionswechsels für Kinder, die ganztags ausserhalb der Familie zu betreuen sind, runden das Bild der zu bewältigenden Veränderungen ab.

- Die Verlegung des Einschulungsbruchs von den Fünf- auf die Vierjährigen schafft ein völlig neues Problem. Der Wechsel einer Institution und einer Bezugsgruppe ist für die Vierjährigen aber schwieriger zu bewältigen als für Fünf- bzw. Sechsjährige.
- Die Besetzung mit Personal aus unterschiedlichen Ausbildungsebenen (Grundschullehrer und Sozialpädagogen) in einem gemeinsamen pädagogischen Arbeitsfeld erscheint problematisch.
- Probleme zwischen sozialpädagogischen und schulischen Fachkräften ergeben sich durch fehlende Kontakte zwischen Schule und Kindergarten.
Wenn Kontakte feststellbar waren, ging die Initiative dann ausschließlich von Kindergärten aus.
- Für den Ausgleich von Benachteiligungen, Auffälligkeiten und Behinderungen sind die altersgemischten Lern- und Spielgruppen besonders bedeutsam.
- Mit der Einbettung von Einrichtungen für die Drei- bis Fünfjährigen in die Gemeinwesenarbeit kann der Kindergarten leichter als die Grundschule in bislang unterversorgte Wohngebiete mit benachteiligter Bevölkerung vordringen.
- Voraussetzung zur Förderung benachteiligter, auffälliger und behinderter Kinder ist eine ganztägige Betreuung.

- Situationsorientierte Curricula können den Bedürfnissen behinderter Kinder besser gerecht werden.
- Innovative Bemühungen aller Modellversuche haben sich günstig auf die Gesamtentwicklung der Kinder ausgewirkt.
- Aus den Modellversuchen lassen sich keine Anhaltspunkte für oder gegen die Einführung einer Bildungspflicht ableiten.
  Die Vorverlegung der Schulpflicht in das 5. Lebensjahr findet durch die Modellversuche keine Stütze. 1)

Als generelle Feststellungen für die Frühschulversuche lassen sich festhalten:

- Die sozio-kulturelle Benachteiligung von Arbeiterkindern wurde nicht aufgehoben. Zwar läßt sich eine Förderung dieser Kinder nachweisen, sie führt jedoch nicht zu einer Verringerung des Bildungsgefälles zu den Kindern der bürgerlichen Mittelschichten.
- Eine mittelfristige bzw. langfristige Verbesserung von Schulleistungen findet nicht statt.

5.5 Folgerungen

Voraussetzung für die allgemeine Einschulung der 5jährigen ist die Reform der jetzigen Grundschule. Die Reform soll sich orientieren an den Möglichkeiten der situativen Pädagogik. Das ganzheitliche, gruppenorientierte Erfahrungsfeld Kindergarten ist als notwendige Alternative zu den Versuchen der Früheinschulung zu sehen. Bevor weitere Versuche eingerichtet werden, sind die schon begonnenen sowohl organisatorisch als auch pädagogisch entsprechend der auf Seite 128/129 ausgedrückten Forderungen zu konsolidieren. Die Einrichtung von Früheinschulversuchen in dieser Situation muß sich mit den Problemen auseinandersetzen, die auf den folgenden Seiten dargestellt sind.

---

1) Bund-Länder-Kommission (BLK) für Bildungsplanung, Auswertung von Modellversuchen mit Fünfjährigen in Kindergärten, Vorklassen und Eingangsstufen, 1975

Die Einschulung der Fünfjährigen wirft Strukturschwierigkeiten auf, die unter den bestehenden schulischen Bedingungen nicht bewältigt werden können.
Die Herausnahme der Fünfjährigen aus dem Kindergarten vergrößert den Einzugsbereich dieser Einrichtungen. Regional bedeutet das den Wegfall wohngebietsnaher Angebote der Kleinkindbetreuung. Die Gruppenstrukturen werden sich auf die jüngeren Jahrgänge konzentrieren. Dadurch werden wichtige Lern- und Erfahrungsmöglichkeiten unterbunden - der kompensatorische Druck auf die Frühschule erhöht sich.
Der Kindergarten fällt in den Zustand der stupiden Bewahranstalt zurück: Fachkräfte wandern ab, die positiven Ansätze einer Kindergartenreform werden eingestellt.

Die auch vom Strukturplan geforderte Einheitlichkeit des Bildungswesens wird dadurch nicht gefördert, sondern nachhaltig gestört. Die Förderung benachteiligter Kinder wird weder in der kurzen Kindergartenzeit noch in der Schule möglich sein.
Das Angebot an Hortplätzen wird sich stark erhöhen müssen, da auch die Fünfjährigen solche brauchen werden.
Es ist nun aber unsinnig, erst die Fünfjährigen für ca. 3 Stunden in die Schule zu schicken und sie anschliessend für 4 - 5 Stunden im Kindergarten zu betreuen.

Der Leistungsdruck unter Konkurrenzbedingungen und die Großgruppenzwänge in der Schule werden auf die Fünfjährigen durchschlagen und die Quote der Schulversager anheben. Beispiele dazu liegen aus anderen europäischen Ländern vor.

Für die Zuordnung der Fünfjährigen zur Schule oder zum Kindergarten bedeutet das:
- Reform der Grundschule nach den Vorschlägen des Bildungsrates.
  Das bedeutet nicht, Vermehrung der Versuche mit Fünfjährigen, sondern Ausbau und Festigungen der Innovationen in den vorhandenen Schuljahren.

- Konsequente Verbesserung der pädagogischen Arbeit in den Kindergärten.
  Förderungen nicht kommunaler Träger sollen auch zukünftig von der Schaffung optimaler Gruppengrößen und ausreichender Qualifikationen des Erziehungspersonals abhängig gemacht werden.
- Die Alternative: Fünfjährige in die Frühschule oder in den Kindergarten soll bestehen bleiben. Letztlich ist von der Entwicklung identischer Lern- und Erfahrungsmöglichkeiten in beiden Bereichen der kindlichen Sozialisation auszugehen. Für die Förderung von Kindern aus Arbeiterfamilien - speziell für die Kinder aus sozial benachteiligten Familien - sind gemeinsame Programme und Projekte im Rahmen der pädagogischen Arbeit zu entwickeln. Dazu sollten die bislang fehlgeschlagenen Versuche der kompensatorischen Erziehung unbedingt berücksichtigt werden.
- Das bedeutet als Ziel die Einheitlichkeit des Bildungswesens und damit die Notwendigkeit der Kooperation von Schule und außerschulischer Bildungs- und Erziehungseinrichtungen.

Die gesellschaftlich organisierten und bereitgestellten Möglichkeiten der Bildung und Ausbildung beginnen für die Kinder vom dritten Lebensjahr an.

Die in diesem Abschnitt festgehaltenen Forderungen an die allgemeine Früheinschulung sind intentional verwirklicht in Versuchen, wie er sich in der Diesterwegschule entwickelt hat. Neben einer durchaus notwendigen Diskussion über die pädagogische Form, andere Formen wären auch denkbar, muß doch festgehalten werden, daß ein Großteil der Probleme, die in diesem Abschnitt dargestellt wurden, nicht mit diesem Versuch zu verbinden sind.

Um aber solche positiven Ansätze zu sichern, und deren Einfluß auf Versuche wie z. B. in WI-Rambach zu garantieren, ist behutsame Vorgehensweise und die Sicherstellung der genannten Forderungen notwendig. Ein überhastetes Vorgehen würde in erheblichem Maße die notwendige Reform der Grundschule be- wenn nicht sogar verhindern.

6. Amtsvormundschaften/Pflegschaften

Eine entscheidende Aufgabenstellung des Jugendamtes, wahrgenommen durch die Abteilung 5102, ist: die Führung von Vormundschaften, Pflegschaften für Kinder, Jugendliche und Erwachsene. Der Rahmen dieser Aufgabenstellung wird durch das Jugendwohlfahrtsgesetz (JWG) und Bürgerliche Gesetzbuch (BGB) gezogen. Die Funktion dieser Arbeit ist vorrangig familienergänzend und wird erst dann familienersetzend, wenn Familien überhaupt nicht mehr in der Lage sind, ihrem Erziehungsauftrag zu genügen. Sie ist unmittelbar der elterlichen Gewalt zugeordnet.

Es ist und war Interesse des Jugendamtes, diese Funktion, die naturwüchsig eine ansteigende Tendenz birgt, auf das Maß zu reduzieren, das bei Interessenwahrung der Jugendlichen als tragbar erscheint.

Diese Perspektive wird deutlich in dem deutlichen Rückgang der Fälle von 1974 auf 1975, in Zahlen ausgedrückt von 508 Vormundschaftsfälle auf 380 oder dargestellt am Beispiel der Amtspflegschaften von 1 486 in 1973 auf 1 316 in 1975 (Seite 146 und 147).

Das Interesse des Jugendamtes wurde unterstützt durch die Reduzierung des Volljährigkeitsalters von 21 auf 18 Jahre. Dies drückt sich am deutlichsten im Bereich der Amtspflegschaften aus.

Eine weitere Aufgabenstellung in diesem Bereich stellt die Führung von Beistandschaften dar. Da im Rahmen der Beistandschaften die beratende Funktion des Jugendamtes in einem stärkeren Maße als bei Vormundschaften notwendig wird, ist es Interesse des Amtes, einen großen Teil der in diesem Zusammenhang auftretenden Probleme über die Beratungsfunktion zu bearbeiten (Seite 148).

Das Jugendamt ist nicht nur Vormund oder Pfleger für Minderjährige, sondern auch für Erwachsene. Bedingt durch die Besetzung der Stelle eines Vormundes bzw. Pflegers für Erwachsene wurden entsprechend vermehrt Vormundschaften oder Pflegschaften durch das Jugendamt wahrgenommen. Dies wird an gestiegenen Fallzahlen deutlich (Seite 149).

Ein in der Vergangenheit vernachlässigter Aufgabenteil stellt die Beratung nach § 51 JWG dar. In diesem Paragraph ist aufgeführt, daß das Jugendamt einen Elternteil, dem die Sorge für die Person des Kindes allein zusteht, auf Antrag bei der Ausübung der Personensorge zu unterstützen hat. Das Ziel ist, durch Umschichtung der Aufgabenschwerpunkte verstärkt im Rahmen des § 51 JWG tätig zu werden. Letztlich scheitert bisher der notwendige Ausbau dieser Beratungsfunktion am Personalmangel (Seite 150).

AMTSVORMUNDSCHAFTEN

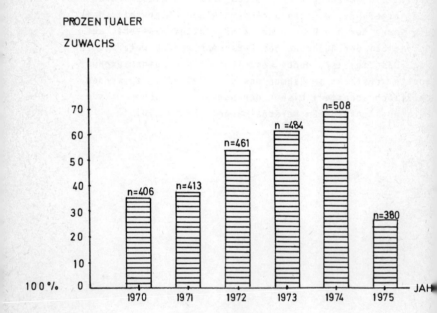

BASIS = 100% = 300 FÄLLE

AMTSPFLEGSCHAFTEN

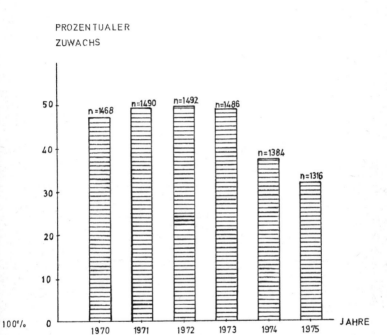

BASIS = 100 % = 1000 FÄLLE

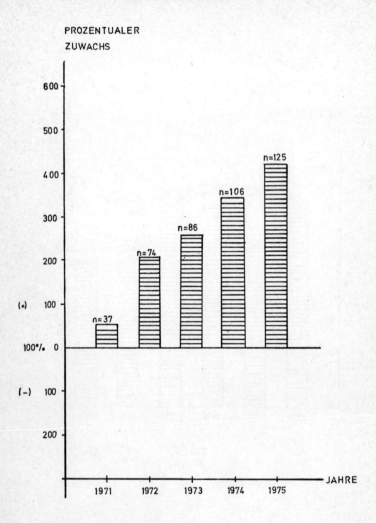

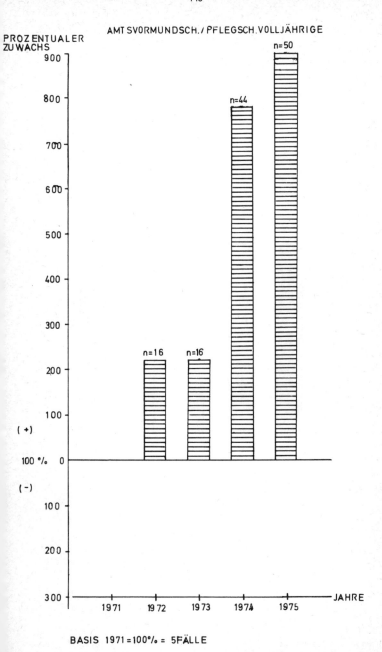

BERATUNGEN

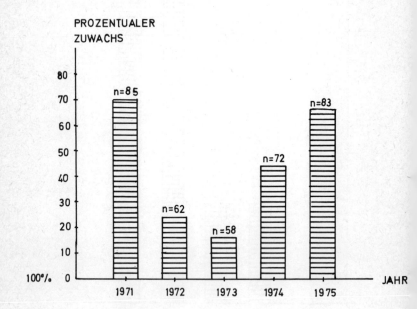

BASIS = 100 % = 50 FÄLLE

7. Jugendförderung

Wir haben im Jugendbericht darauf verzichtet, Einzelaktivitäten des Bereiches Jugendförderung darzustellen, da wir in der Vergangenheit dem Informationsbedürfnis im Falle von einzelnen Maßnahmen durch Einzeldarstellungen nachgekommen sind (siehe u. a. Bericht zur Ferienkartenaktion '75).

Es war für uns wichtiger, das Jugendproblem im Gesamtzusammenhang sozialer Situationen zu sehen und daraus Folgerungen für das Gemeinwesen zu ziehen. Dementsprechend wird in Teil 7 keine Aussage über Jugendfreizeiten, Ferienfahrten etc. gemacht.

7.1 Planungsbereiche und Bestandsaufnahme

Zunächst ist darauf hinzuweisen, daß der Bedarfsermittlung für Jugendeinrichtungen und Kindertagesstätten als räumliche Basis 22 Planungsregionen zugrunde gelegt wurden; diese entstanden durch Zusammenfassung jeweils mehrerer neuer statistischer Bezirke.

Um die Stärken der Jahrgangsgruppen von 7 - 11, 12 - 15 und 16 - 19 Jahren in den Jahren 1976, 1980 und 1985 feststellen bzw. abschätzen zu können, wurden aus der Adrema-Kartei der Stadt Wiesbaden die entsprechenden Geburtsjahrgänge ausgezählt und den Planungsregionen zugeordnet. Durch Addition der Geburtenjahrgänge 1965 bis 1969 konnte somit die Anzahl der 7 - 11jährigen Kinder für das Jahr 1976 innerhalb der jeweiligen Planungsregion festgestellt werden. Der Feststellung der Anzahl der 12 - 15jährigen im Jahre 1976 liegen die Jahrgänge 1961 - 1964 zugrunde und die der 16 - 19jährigen umfaßt die Jahrgänge 1957 - 1960. Die Vorausschätzung für 1980 bezieht sich auf die Jahrgänge

    1969 - 1973 für die 7 - 11jährigen Kinder
    1965 - 1968 für die 12 - 15jährigen Jugendlichen
    1961 - 1964 für die 16 - 19jährigen Jugendlichen

Die Vorausschätzung für 1985 erfaßt die Jahrgänge

    1974 - 1978 für die 7 - 11jährigen Kinder

(wobei für die Jahrgänge 1976, 1977 und 1978
die gleiche Geburtenrate für den jeweiligen
Bezirk wie 1975 angenommen wird).
1970 - 1973 für die 12 - 15jährigen Jugendlichen
1966 - 1969 für die 16 - 19jährigen Jugendlichen

Bei der Zugrundelegung dieser Zahlen wird davon ausgegangen, daß sich die Zu- und Fortzüge etwa ausgleichen.

Zur Verdeutlichung bereits vorhandener Einrichtungen der Stadt und der freien Träger innerhalb der Planungsregionen dient die den Tabellen der Jahrgangsgruppen nachfolgende Aufstellung.
Siehe nächste Seite: Beispiel für die Planungsregion 01 - Mitte

Anmerkung:

Einrichtungen, über die wir von den Trägern keine Informationen erhalten und die keine Anträge zum Hessenjugendplan - zwecks Investitionsförderung - gestellt haben, konnten in die Bestandsaufnahme nicht aufgenommen werden.

BEREICH JUGEND — PLANUNGSREGION 01-MITTE

EINWOHNER

Jahrgänge	1957	1958	1959	1960	1961	1962	1963	1964	1965	1966	1967	1968	1969	1970	1971	1972	1973	1974	1975	1976	1977	1978
Deutsche	294	263	261	285	302	276	303	351	323	326	294	315	267	238	237	182	163	188	181			
Ausländer	105	106	96	122	71	96	113	120	117	124	122	115	139	136	167	190	167	226	210			
Zusammen	399	369	357	407	373	372	416	471	440	450	416	430	406	374	404	372	339	414	391			

Altersgruppen	1976	Perspektive 1980	Perspektive 1985
7- einschl. 11 Jahre	2142	1895	1978
12- einschl. 15 Jahre	1632	1736	1489
16- einschl. 19 Jahre	1532	1632	1702

Einrichtungen	Jugend= zentrum	Jugend= räume	Zahl der Räume	Quadrat= meter	Bau= jahr	Hauptamtl. Mitarbeiter
1. Pub	ja	-	14	896	1955	6
2. Ev. Bergkirchengemeinde	-	ja	1		1963	
3. Ev. Jugendwerk	-	ja			1972	
4. Baptistengemeinde	-	ja	1	35	1969	
5. CVJM Wiesbaden	-	ja			1966	
6. DGB	-	ja	5		1962	
7. Jugendsozialwerk e.V.	-	ja			1966	
8. Kath. Kirchengemeinde	-	ja	7	150	1963	

Bestandsaufnahme Jugendförderung

Karte 1
Städtische Jugendeinrichtungen
Stand 1976

Karte 2
Katholische Jugendeinrichtungen
Stand 1976

Karte 3
Evangelische Jugendeinrichtungen
Stand 1976

Karte 4
Sonstige Jugendeinrichtungen
Stand 1976

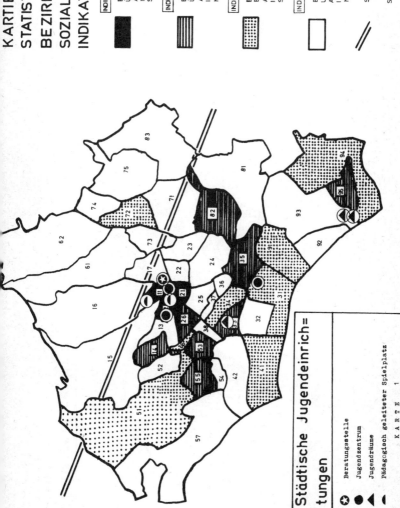

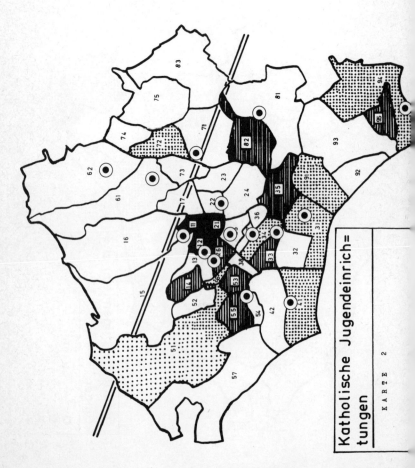

Katholische Jugendeinrichtungen

KARTE 2

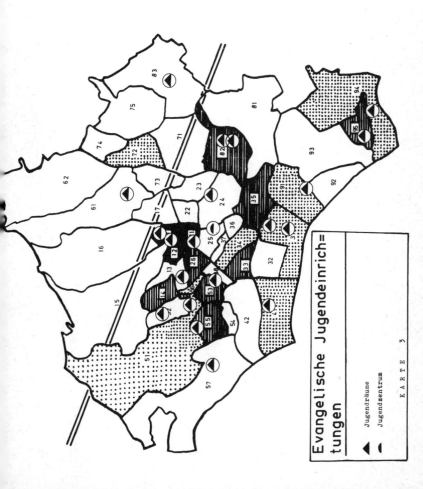

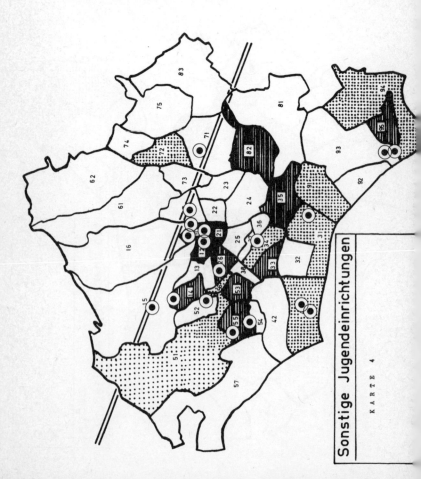

KARTE 4

Sonstige Jugendeinrichtungen

7.2 Standorte zukünftiger Einrichtungen

Die Standortentscheidung für Einrichtungen im jugendpflegerischen Bereich unterliegt anderen Gesichtspunkten als die für Kindertagesstätten. Die Notwendigkeit von Gemeinschaftseinrichtungen ergibt sich in weit stärkerem Maße aus der Situation der jeweiligen Gebiete. Es muß also die soziale Belastung im Rahmen einer Standortentscheidung herangezogen werden.

Wählt man diesen methodischen Weg, so scheiden bei der Grobanalyse die Gebiete aus, die innerhalb der Indikatorendarstellung im Bereich IV erfaßt wurden. Das heißt gleichzeitig, daß wir für die dort lebende Bevölkerungsgruppe, die ca. 117.000 Personen umfaßt, keine jugendpflegerischen Einrichtungen anbieten müssen und somit unser zukünftiges Angebot sich in den Indikatorenbereichen I bis III niederschlagen muß.

Entsprechend der Aussagen über soziale Belastung innerhalb der Ausführungen über Indikatoren in Wiesbaden wird somit

im Indikatorenbereich I

1 Gemeinschaftszentrum
notwendig.
Dieser Indikatorenbereich umfaßt im besonderen die Bezirke 11 und 12.

Im Indikatorenbereich II

sind Gemeinschaftszentren im besonderen notwendig für die Bezirke 14 und 55.
Diese sind Klarenthal und Schelmengraben.
Diese Gebiete wurden im Rahmen des sozialen Wohnungsbaus errichtet und sind so mit der Problematik belastet, die im Teil 3 des Jugendberichtes dargestellt wurde. Daraus ergibt sich, daß diese Einrichtungen Gemeinweseneinrichtungen sein müssen, die sich nicht vorrangig nur mit einer Altersgruppe beschäftigen, sondern strukturbildend für das gesamte Gemeinwesen wirken.

Im Indikatorenbereich III

In diesem Bereich bestehen Versorgungslücken, die sich ausmachen lassen anhand der Belastungsskala für die Bezirke 31 (Alt-Biebrich), 34 (Mosbachtal), 51 (Alt-Dotzheim), 72 (Wolfsfeld, Fichten), 91 (Amöneburg), 94 (Alt-Kostheim).

Der existierende Bedarf für das Gebiet 51 wird durch die vorgeschlagene Errichtung einer Einrichtung im Gebiet 55 (Schelmengraben) abgedeckt. Die vom Magistrat in der Stadtverordnetenversammlung beschlossene Errichtung des Jugendzentrums Depot kann den Gebieten 31 und 34 zugeordnet werden, womit kein besonderer Bedarf mehr auszuweisen ist. Der sukzessive Ausbau der Reduit, die räumlich und personell wesentlich erweitert werden müßte, deckt den Bedarf im AKK-Bereich, also auch in den Bezirken 91 und 94.

Für den Bereich 72 (Wolfsfeld und Fichten) muß ein gesonderter Bedarf angenommen werden, da in diesem Rahmen gleichzeitig die Eingemeindungsproblematik auftritt. Wir gehen davon aus, daß dem dort entstehenden Problemdruck durch ein großes Jugendzentrum "Ost" abgeholfen werden kann.

Es müssen also für Wiesbaden in den nächsten Jahren 6 Zentren eingerichtet bzw. ausgebaut werden.

Auszubauen sind:

Das Zentrum Depot Biebrich,
die Reduit in AKK.

Neu zu errichten sind Zentren für:

Klarenthal,
Schelmengraben,
Wiesbaden-Ost und
den Innenstadtbereich.

Die Reihenfolge stellt keine Gewichtung dar.

8. Heim- und Familienpflege

Neben der Tatsache, daß das Jugendamt in eigenen Heimen Erziehung sicherstellt, ist es auch zuständig für die wirtschaftliche Versorgung von Minderjährigen in Heimen anderer Träger und innerhalb der Familienpflege.

Ausgehend von der Erkenntnis, daß Heimpflege im Zweifelsfalle immer unzulänglich bleiben muß, und daher immer die letzte Möglichkeit der "Hilfe" sein sollte, ist es das Interesse des Jugendamtes, die Zahl der Heimunterbringungen entscheidend zu reduzieren. Diese Erkenntnis gelang es teilweise umzusetzen, was sich in der Reduzierung der Fälle von 519 (1973) auf 461 (1975) widerspiegelt (Seite 164).

In die gleiche Richtung zielen weitere Überlegungen des Jugendamtes, die sich konzeptionell in dem Aufbau von sozialpädagogischen Pflegestellen niederschlagen: es wird Unterbringung angestrebt in pädagogisch qualifizierten Familien und in Außenwohngruppen, d. h. familienähnliche Unterbringung mit Erziehungspersonal in üblichen Wohnungen. Neben dem Gewinn an pädagogischer Qualität dürften diese Überlegungen auch zur finanziellen Entlastung des Verwaltungshaushalts beitragen.

Ein traditionelles Mittel die Erziehung außerhalb der Familie sicherzustellen ist die Familienpflege. Diesem Mittel gilt unser spezielles Interesse, was sich auch in der Steigerung der Unterbringungen, bei denen das Jugendamt Kostenträger ist, niederschlägt. So ist in diesem Bereich eine Steigerung von 212 (1972) auf 372 (1975) Fälle zu registrieren (Seite 165).

Ein Großteil der in diesem Bereich zu registrierenden Probleme ist auf die Situation der alleinstehenden Frauen in unserer Gesellschaft zurückzuführen, d. h. das Jugendamt muß Erziehung sicherstellen bei voller Berufstätigkeit der alleinstehenden Mutter, d. h. Versorgung des Kindes sowohl erzieherischer als auch wirtschaftlicher Art durch die Mutter ist sicherzustellen. Dieser Ansatz muß in den nächsten Jahren zu konzeptionellen Überlegungen führen und wird sich dann in entsprechenden Vorlagen niederschlagen. Beispielhaft für die angestellten Überlegungen kann die Mutter/Kind-Pension genannt werden, die das Jugendamt beabsichtigt, in Zusammenarbeit mit dem Diakonischen Werk in Wiesbaden zu errichten.

Der hier skizzierte Arbeitsbereich ist im allgemeinen nicht in der Öffentlichkeit gleichermaßen bekannt, wie z. B. Kindertagesstätten oder Jugendzentren, stellt aber von seiner Wichtigkeit her mindestens einen gleichrangigen Bereich dar; denn der Verlust an Erziehungsqualität der Familie führt in diesem Bereich zum direkten und oft auch massiven Tätigwerden der Institution "Jugendamt". Diese Tatsache muß zur Folge haben, daß ein erheblicher Teil fachlicher Kompetenz auf diesen Bereich konzentriert wird.

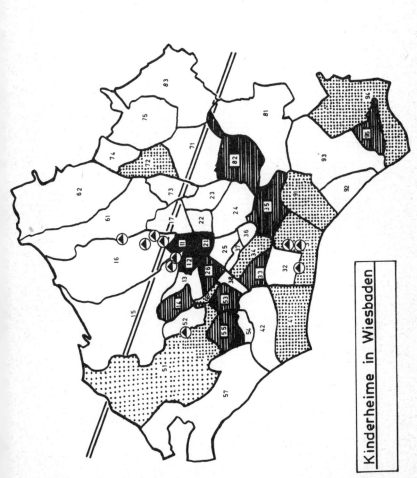

Kinderheime in Wiesbaden

HEIMPFLEGE

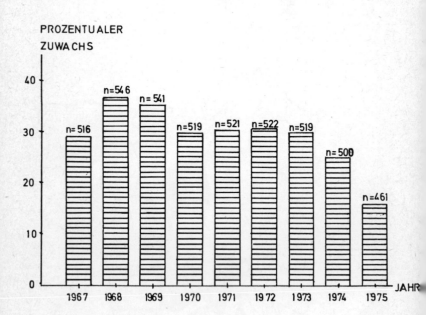

BASIS = 100 °/₀ = 400 FÄLLE

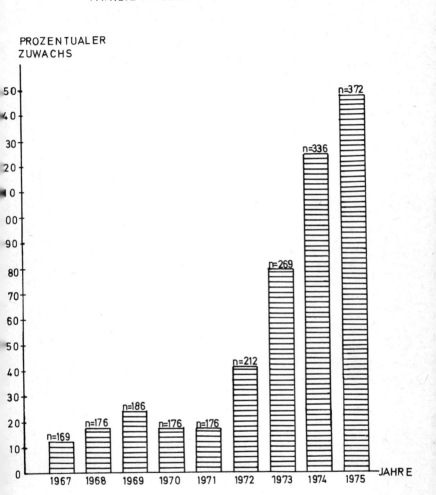

9. Erziehungsberatung

Das Land Hessen sieht für jeweils 50.000 Einwohner einer Stadt eine Erziehungsberatungsstelle vor. In Wiesbaden ist dieser Versorgungsgrad erreicht. Dennoch muß gesagt werden, daß keine der von freien Trägern oder der Stadt unterhaltenen Beratungsstelle mit Wartezeiten unter 6 Monaten auskommt. Diese Tatsache ist verursacht durch

- eine sich steigernde psychosoziale Problematik in der Gesellschaft, feststellbar an der Zunahme der Verhaltensstörungen bei Kindern und Jugerdlichen;
- zu große Richtzahlen pro Beratungsstelle;
- fehlende Verankerung der Erziehungsberatungsstellen in der Lebenswelt ihrer Klienten.

Der beschriebene Sachverhalt führt dazu, daß psychiatrische Beratung nicht wahrgenommen und daß das berechtigte Beratungsinteresse von Eltern nicht in dem Maße befriedigt werden kann, wie es notwendig wäre und wie es im Interesse der Institution Jugendamt liegen müßte, um zukünftige Kosten zu vermeiden.

Als angemessene Richtzahl kann 25.000 Einwohner pro Erziehungsberatungsstelle angenommen werden. Dies müßte eine Verdoppelung der Beratungsstellen in Wiesbaden nach sich ziehen.

Die Erfahrung in diesem Bereich lehrt, daß psychosoziale Beratung in den seltensten Fällen ohne medizinische Beratung auskommt. Langfristig muß in unseren Beratungsstellen auch eine entsprechende Beratung sichergestellt werden, die insbesondere bei psychosomatischer Symptombildung Hilfen gewährleisten kann.

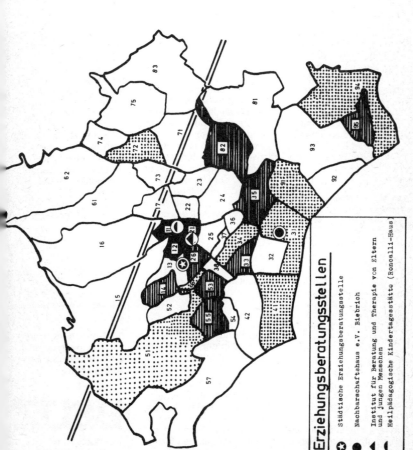

KARTIERUNG DER STATISTISCHEN BEZIRKE NACH DEN SOZIALEN INDIKATOREN

INDIKATORENBEREICH I
BEZIRKE MIT ÜBERDURCHSCHNITTLICHER ADMINISTRATIVER INTERVENTION UND SEGREGATION

INDIKATORENBEREICH II
BEZIRKE MIT ÜBERDURCHSCHNITTLICHER ADMINISTRATIVER INTERVENTION - NICHT SEGREGIERT

INDIKATORENBEREICH III
BEZIRKE OHNE BESONDERE ADMINISTRATIVE INTERVENTION, MIT SEGREGATION

INDIKATORENBEREICH IV
BEZIRKE MIT UNTERDURCHSCHNITTLICHER ADMINISTRATIVER INTERVENTION, NICHT SEGREGIERT

SOZIALER ÄQUATOR

STAND: APRIL 1976

Erziehungsberatungsstellen

✪ Städtische Erziehungsberatungsstelle
● Nachbarschaftshaus e.V. Biebrich
◀ Institut für Beratung und Therapie von Eltern und jungen Menschen
◀ Heilpädagogische Kindertagesstätte (Roncalli-Haus)

BELTZ Bibliothek

Sozialpädagogik – Sozialarbeit

74 Ulrich Seibert
Soziale Arbeit als Beratung
Ansätze und Methoden für eine nichtstigmatisierende Praxis. 1978. 210 S. ca. DM 13,– (50074)

Dieser Text stellt Überlegungen für eine dringend notwendige Neuorientierung der Sozialarbeit vor. Materielle, therapeutische und aktivierende Formen der Hilfe werden im Hinblick auf die Alltagssituation und die Bedürfnisse der Betroffenen unter Berücksichtigung der Arbeiterschicht überprüft und neu entwickelt.

73 Bäuerle/Markmann (Hrsg.)
Reform der Heimerziehung
Materialien und Dokumente. Neuausgabe 1978. 286 S. DM 14,– (50073)

Die Systematik des Aufbaus dieses Buches, das auf Dokumentationen aus den Jahren 1970–72 basiert, zeichnet wichtige Entwicklungslinien der Diskussion um die Heimerziehung nach. Ausführlich dargestellt werden die von Organisationen und Institutionen entwickelten, zum Teil sehr differenzierten Empfehlungen, was und unter welchen Bedingungen in der Heimerziehung zu verändern sei.

72 Bourgett/Preußer/Völkel
Jugendhilfe und kommunale Sozialplanung
Eine sozioökologische Studie. In Teilen vorgelegt als Jugendbericht der Stadt Wiesbaden. Neuausgabe 1978. 168 S. DM 10,– (50072)

Dieser Jugendbericht knüpft an die theoriegeschichtliche Tradition der Chicagoer Schule der 20er und 30er Jahre an, deren Ausgangshypothese einen engen und empirisch nachweisbaren Zusammenhang zwischen Siedlungsstruktur und Sozialverhalten annimmt. Zur Unterscheidung der einzelnen Stadtgebiete sind soziale Indikatoren entwickelt worden, um Gebiete sozialer Desorganisation ausfindig zu machen und mögliche pädagogische Interventionen quantitativ und qualitativ zu bestimmen.

70 Sigrid Mordi
Spiele in der Vorschulzeit
1978. 106 S. DM 7,– (50070)

Kinder üben ihre geistigen Fähigkeiten, ihre körperliche Geschicklichkeit und erkunden ihre Umwelt im Spiel. Diese Sammlung bietet Anregungen für Klein- und Schulkinder.

62 Karl Gerlicher u. a.
Familientherapie in der Erziehungsberatung
Versuch der Neuorientierung in der Praxis einer Erziehungsberatungsstelle. 1977. 132 S. DM 8,– (5006

In verschiedenen Beiträge wird die Arbeitsweise der Erlanger Jugend- und Familienberatungsstelle vom theoretischen, methodischen und organisatorischen Standpunkt aus beschrieben.

46 Klaus Mollenhauer
Einführung in die Sozialpädagogik
Probleme und Begriffe de Jugendhilfe. 6. Aufl. 1976. 165 S. DM 10,– (1310

39 Prüß/Tschoepe
Planung und Sozialplanung
Eine Einführung in ihre B griffe und Probleme. 1974 244 S. DM 16,– (500:

Preisänderungen vorbehalten.
220.78

Ausführlich informiert d Fachbuchverzeichnis. Bitte fordern Sie es vom Verlag an.

BELTZ

Postfach 1120
6940 Weinheim